RETALHOS DE UM ATALHO

(Resposta a um Roustainguista Febeano)

EDITORA
Opinião E.

Distribuição:

EME
EDITORA

Caixa Postal 1820 - 13360-000 - Capivari-SP
Fone/Fax: (019) 491-3878

Nazareno Tourinho

RETALHOS DE UM ATALHO

(Resposta a um Roustainguista Febeano)

Capivari-SP
1998

Retalhos de um Atalho
Nazareno Tourinho

1ª edição - agosto/1998 - 2.000 exemplares

Capa - Criação e Arte:
Nori Figueiredo
Matheus R. de Camargo

Edição:
Editora Opinião E. Ltda.
Caixa Postal 1820
13360-000 - Capivari-SP

Fotolitos e Impressão:
Editora Opinião E.

Ficha Catalográfica

Tourinho, Nazareno (1934)
Retalhos de um Atalho, Nazareno Tourinho, Capivari-SP, Editora Opinião E. Ltda., 1ª edição, 08/1998.
136 p.
1 - Espiritismo - Assuntos Doutrinários
2 - Roustaing x Kardec - Espiritismo
CDD - 133.9

Índice

À Guisa de Apresentação

Este é, talvez, o livro mais polêmico da literatura espírita nacional contemporânea, que publicamos por absoluto respeito à liberdade de pensamento, e porque, apesar das dificuldades naturais que enfrentamos para consolidar a nossa existência como Editora **Espírita**, jamais colocamos à frente das atividades desenvolvidas outros interesses que não fossem os legitimamente doutrinários, à luz da Codificação de Allan Kardec.

Sobre a obra em si não precisamos falar, porque já publicamos em jornal grande parte do seu conteúdo, porém sobre o autor necessitamos dizer algo significativo. Cremos que para isso o melhor é passarmos para o leitor o **Curriculum-Vitae** que segue:

NAZARENO TOURINHO – DADOS BIOGRÁFICOS

I - Identificação

Nome completo: Nazareno Bastos Tourinho

Data do nascimento: 06 de dezembro de 1934

Cidade onde nasceu: Belém do Pará

Residência: Av. Almirante Tamandaré, 1042 bloco C aptº 04 – Centro – Belém – Pará – CEP 66023-000

Telefone: (091) 250-5310

Estado Civil: Casado
Profissão: Jornalista

II - Livros Espíritas Publicados

1. Gotas de Espiritismo (1958, edição esgotada)
2. O Cristo (1959, edição esgotada)
3. O Poder Fantástico da Mente (em parceria com Carlos Imbassahy, 1967, Editora ECO)
4. Surpresas de uma Pesquisa Mediúnica (1981, Editora O CLARIM)
5. Curiosidades de uma Experiência Espírita (1983, Editora O CLARIM)
6. Edson Queiroz, O Novo Arigó dos Espíritos (1983, Editora Correio Fraterno do ABC)
7. A Ética Espírita sem Misticismo (1983, mesma Editora)
8. A Dramaturgia Espírita (1991, Editora da FEB)
9. O Trabalho dos Mortos e a Tolice dos Vivos (1993, Editora da FEESP)
10. Relações Humanas nos Centros Espíritas (1994, Editora Correio Fraterno do ABC)
11. Kardec, Jesus e a Filosofia Espírita (1994, Editora da FEESP)
12. Carlos Imbassahy – O Homem e a Obra (1994, mesma Editora)
13. Críticas e Reflexões em Torno da Moral Espírita (1996, Editora MNÊNIO TÚLIO)
14. Uma Nova Visão da Mediunidade (1996, Editora da FEESP)
15. Caprichosa Lição dos Espíritos (1997, peça teatral, Editora EME).
16. A Estranha Loucura de Lorena Martinez (1997, peça teatral, Editora O CLARIM)

17. Como o Espírita Deve Pensar em Deus (1998, Editora da FEESP)

III - Atividades Espíritas mais Expressivas

1. Presidiu a Comissão Científica do Congresso de Jornalistas e Escritores Espíritas realizado em Niterói no ano de 1972.

2. Presidiu a Comissão de Jornalismo do mencionado Congresso realizado em Brasília, no ano de 1976.

3. Foi o autor da proposta que elegeu a Mesa Diretora do dito Congresso, realizado no Rio de Janeiro em 1979.

4. Presidiu uma das Comissões Julgadoras de Teses no mesmo Congresso realizado em Salvador-BA, em 1982.

5. Foi conferencista do painel de Crítica Literária e coordenou uma Reunião de Estudos no referido Congresso, levado a efeito em São Paulo no ano de 1985.

6. Fundou e dirige uma Casa Espírita em Belém do Pará.

7. Durante muitos anos escreveu na revista REFORMADOR, tendo deixado de fazê-lo para criticar o roustainguismo endossado pela FEB.

8. Escreve regularmente no Jornal Espírita, da Federação Espírita do Estado de São Paulo, e no jornal Correio Fraterno do ABC, de São Paulo.

9. Seu livro Edson Queiroz, O novo Arigó dos Espíritos, foi traduzido para o alemão e publicado pela Editora VERLAG DIE SILBERSCHNUR, de Melsbach.

10. Foi um dos fundadores da ABRAJEE – Associação Brasileira de Jornalistas e Escritores Espíritas, tendo integrado sua primeira Diretoria como Diretor para a Região Norte.

IV – Atividades e Títulos Culturais

1 - É membro Vitalício da Academia Paraense de Letras (Titular da Cadeira nº 2).

2 - É autor de 10 (dez) livros não espíritas já publicados (nove de natureza literária e um sobre Chefia, Liderança e Relações Humanas).

3 - Conquistou as seguintes premiações em Concursos de Dramaturgia:

a) Prêmio "Governo do Estado do Pará" (1º lugar, ano de 1961)

b) Prêmio "Elmano Queiroz" (1º lugar, ano de 1969).

c) Primeira Menção no IV Concurso de Dramaturgia Latino Americano "Andres Bello" (realizado em Caracas, Venezuela, no ano de 1985)

d) Menção Honrosa no 2º Concurso Nacional de Peças Teatrais (Rio de Janeiro, 1985).

e) Menção de Destaque no Concurso Coroa de Teatro (também levado a efeito no Rio, em 1969)

f) Prêmio "Intercâmbio" (1º lugar no I Concurso Nacional de Dramaturgia Espírita, realizado em São Paulo no ano de 1990).

g) Prêmio de "Intercâmbio" (2º lugar no mesmo Concurso).

4 - Foi agraciado em sua terra natal com:

a) Diploma de Honra ao Mérito, concedido pela Câmara Municipal de Belém.

b) Medalha "Olavo Bilac", concedida pelo Conselho de Cultura do Estado do Pará.

c) Medalha "Paulino de Brito", concedida pela Secretaria de Educação do Estado do Pará.

d) Diploma do "Dia do Legislativo", concedido pela Assembléia Legislativa do Estado do Pará.

Capivari, São Paulo, junho de 1998

Rodrigues de Camargo

Nota do Autor

Na literatura espírita contemporânea surgiu, há poucos anos, uma obra alentada que ainda não teve grande repercussão pública mas certamente atingirá o futuro, pelo seu interessante caráter de documentação histórica, influenciando a maneira de pensar de muitos companheiros de crença das novas gerações.

Trata-se do livro **O Atalho**, de Luciano dos Anjos, o mais culto, mais destemido e mais talentoso ideólogo que já conheci em nosso movimento doutrinário, a serviço da filosofia roustainguista, mistificadora e anti-kardequiana.

Pertencendo à equipe de autores atuantes na mesma época de Luciano dos Anjos, e tendo tanto quanto ele compromisso de consciência com a cultura espírita dos dias presentes e porvindouros, julgo-me no dever de refutar as suas idéias uma vez mais neste volume que abriga, para não deixar se perder no esquecimento, alguns escritos meus publicados no jornal Opinião E. contra o livro **O Atalho** e seu maior beneficiário em termos políticos, o também honrado mas de igual modo doutrinariamente errado irmão ocupante da presidência da FEB na atualidade.

Um Atalho e uma Encruzilhada

Temos diante dos olhos o livro **O Atalho**, de Luciano dos Anjos (Publicações Lachâtre Editora Ltda., Niterói-RJ, 1995), cujos direitos autorais foram pelo autor "integralmente destinados à Federação Espírita Brasileira". Se ela vai ficar com o dinheiro não sabemos, é claro, contudo até a presente data não tivemos notícia de que tenha recusado a oferta.

Trata-se de uma obra de peso: mais de trezentas páginas... Merece ser considerada (daí termos tomado a resolução de nos ocupar do seu teor), porque não sendo apenas um frasco de veneno apresenta-se como um garrafão de nitroglicerina pura!

É uma verdadeira bomba para explodir na cabeça de todos os que, dentro de nosso movimento doutrinário, rejeitam a mistificação de Jean-Baptiste Roustaing, contida nos volumes intitulados de *Os Quatro Evangelhos.*

No livro **O Atalho,** *Luciano*, que se assina dos **Anjos** mas nada tem de **angelical**, empunha uma vez mais sua conhecida metralhadora giratória, e só não lança certeiras balas em quem reza pelo catecismo doceta. Por ele somos cientificados do esquema político que dá sustentação a Juvanir Borges de Souza na presidência da FEB, a fim de adiar o *fim inevitável* do rustenismo no seio da Entidade.

Dizemos fim inevitável porque a FEB cedo ou tarde (oxalá seja mais cedo do que tarde...) terá de mudar a postura ideológica e assumir *por inteiro* a Codificação Kardequiana.

O movimento espírita brasileiro cresceu de modo impressionante nos últimos anos, ganhou numerosos jornais e editoras independentes que não pactuam com desvios doutrinários, e, em decorrência disso, uma quantidade cada vez maior de companheiros de ideal cobra da autodenominada *Casa-Máter* um mínimo de lucidez, sobretudo de coerência. Não dá mais para ela permanecer aferrada aos velhos tempos, quando talvez se justificasse que fizesse concessões teóricas para consolidar as bases sociais do Espiritismo no Brasil, saturado de uma cultura eminentemente católica. E não dá mais porque até os argumentos hoje invocados para defender sua antiga posição só conseguem enfraquecê-la. Eis um exemplo disso:

Em agosto de 1995 escrevemos no *Jornal Espírita*, da FEESP, um artigo equilibrado, tolerante e amistoso, amável mesmo, mostrando que será impossível a unificação do nosso movimento fora de absoluto respeito à obra de Allan Kardec. Sugerimos que, para a concórdia da família espírita, a FEB tomasse a auspiciosa decisão de deixar de lado *Os Quatro Evangelhos* de Roustaing, uma vez que nunca precisamos deles a fim de conceber e praticar o Espiritismo em seu caráter religioso, cristão. A resposta, ou réplica, não se fez esperar: a revista *Reformador* logo em outubro deu publicidade a duas mensagens psicografadas versando sobre o assunto já bastante difundidas, assinadas pelo Espírito *Bezerra* através de Francisco Cândido Xavier e Divaldo P. Franco, como se elas fossem contrárias à nossa proposição. Acontece que em uma, a do primeiro médium citado, lê-se que *é indispensável manter o Espiritismo, qual foi entregue pelos Mensageiros Divinos a Allan Kardec*, e na outra figura este parágrafo:

"Unamo-nos, amemo-nos, realmente, e dirimamos as nossas dúvidas, retificando as nossas opiniões, as nossas dificuldades e os nossos pontos de vista, diante da mensagem clara e sublime da Doutrina com que Allan Kardec enriquece a nova era, compreendendo que lhe somos simples discípulos. Como discípulos não podemos ultrapassar o mestre."

Aí está!

Necessita mais?

Apenas os dirigentes da FEB do quilate de Juvanir Borges de Souza (alguns pensam diferente) não vêem o que todos enxergam: até o Espírito benevolente mais respeitável dentre os guias do chamado "santuário de Ismael" se recusa, atualmente, a acender velas ante o *cisma* deplorável do presunçoso J. B. Roustaing, aconselhando seus adeptos tradicionais a retificarem opiniões e pontos de vista perante *a mensagem clara e sublime de Kardec*, pois, *"como discípulos não podemos ultrapassar o mestre."*

O erro funesto do antigo bastonário da Corte Imperial de Bordeux foi sucumbir à vaidade de querer ultrapassar o mestre de Lyon, inventando uma *nova revelação*, ou "Revelação da Revelação", para superá-lo.

E o erro dos seguidores de suas teorias, que também poderá vir a ser funesto, é julgar os espíritas atuais (esclarecidos por pensadores doutrinários da envergadura de Carlos Imbassahy, Herculano Pires e Deolindo Amorim) ainda suficientemente ingênuos para aceitar a liderança de quem troca pelo misticismo católico a saudável racionalidade da Codificação Kardequiana.

Esclarecimento Necessário

Antes de irmos além nestas considerações sobre o livro **O Atalho**, de Luciano dos Anjos, cumpre-nos esclarecer que não estamos *atacando* a Federação Espírita Brasileira e sim *defendendo-a* do mal que lhe vêm causando muitos dos seus diretores, os rustenistas inveterados como o atual presidente Juvanir Borges de Souza.

Ninguém neste país de inegável vocação evangélica, que seja de fato espírita, deseja destruir a FEB. Ao inverso, o que se pretende é prestigiá-la. Para isso reivindicamos sua fidelidade à Codificação de Allan Kardec, cujos ensinos básicos, em nível filosófico, são incompatíveis com os devaneios da obra de Roustaing, que agridem a lógica mais elementar e jogam na lata do lixo o bom senso com o qual devemos pensar sobre as leis da vida, tanto no campo científico quanto religioso.

Militando no movimento espírita há mais de quarenta anos, sempre valorizando a FEB, podemos dar testemunho pessoal de que alguns companheiros tidos como renitentes adversários são na realidade seus melhores amigos, porque buscam despertá-la para os novos tempos, tornando-a doutrinariamente digna de orientar a marcha do Espiritismo neste mundo.

Uma vez ouvimos Jorge Rizzini declarar que estaria disposto a varrer o chão da FEB se ela abandonasse a mistificação rustenista, umbralinamente arquitetada por espíritos de padres astuciosos para manter em nosso ambiente de trabalho, bem acesa e criptante, a fogueira da discórdia, sobre a qual recentemente Juvanir Borges de Souza atirou um camburão de gasolina, quando, em singular crise de prepotência, ameaçou processar na Justiça a Editora EME, de Capivari, São Paulo, aproveitando-se de uma situação contornável em termos fraternos. Perguntamos ao Rizzini se podíamos repassar o que ouvíramos dele para o presidente da FEB e fomos autorizados a fazê-lo. No tomo *Conscientização Espírita*, vigoroso libelo contra desmandos comprovados da FEB, dado a lume pela referida Editora, Gélio Lacerda da Silva, o autor, exige que a centenária instituição se livre do pernicioso rustenismo a fim de que formemos ao seu lado.

O problema é que a maioria dos dirigentes febeanos se julga representante de um Anjo infalível, e assim temos em nosso meio doutrinário uma versão da infalibilidade papalina, na época em que a Igreja Católica começa a revisar suas tendências dogmáticas.

Da mesma forma que não queremos denegrir a FEB e sim ajudá-la, também não desejamos diminuir Luciano dos Anjos e sim refutá-lo. Quando afirmamos que é *dos Anjos* mas não *angélico,* apenas o classificamos na categoria de lutador aguerrido, e isso ele sempre foi, como, aliás, somos nós pessoalmente, com muita honra. Ambos temos alma destemida e não sabemos viver sem o bom combate por aquilo que achamos certo, embora cada um tenha o seu jeito próprio de terçar armas.

Vamos, portanto, criticar duramente o livro **O Atalho**, conforme convém, mas não a brilhante inteligência nem a conduta moral do autor. No fundo, tanto admiramos o talento de Luciano dos Anjos quanto o estimamos como ser humano. Prevendo, anos atrás, que um dia haveríamos de ter os dois uma grande briga intelectual, comentamos: "azar nosso, pois se estivermos em erro seremos massacrados, e se nos encontrarmos com a razão o máximo que lograremos será um empate..." .

Em suma, por mais incrível que pareça nutrimos por Luciano dos Anjos uma sincera estima. Isto, no entanto, não nos impede de desmontar suas construções teóricas pedra por pedra, até porque, temos toda certeza, ele tentará inutilmente fazer o mesmo com as nossas. E depois da refrega, como veteranos jornalistas profissionais, de mãos calejadas no uso do florete, seremos capazes de tomar cafezinho juntos em bar de esquina. Sem ressentimentos.

Começando pelo Começo...

O livro **O Atalho**, de Luciano dos Anjos, apresentado desde a capa como *Análise Crítica do Movimento Espírita*, é tão ácido e tão ferino que merece ser triturado com rigor a partir da primeira página. Tem início com esta dedicatória:

"À memória de Luiz Olímpio Guillon Ribeiro, o Gigante do Espiritismo no Brasil e meu mentor espiritual, e de Armando de Oliveira Assis, um dos mais profícuos presidentes da Federação Espírita Brasileira."

Vê-se logo de saída que o guia de Luciano dos Anjos não é gente pequena nem provinciana, é um *Gigante* de atuação *Nacional* (e esses rustenistas falam tanto em humildade...) . Desfrutando de um *"Mentor Espiritual"* de tamanho porte a *mente* do autor de **O Atalho** deveria produzir uma obra-prima de cintilantes elucidações doutrinárias, mas o que aparece nas três centenas de páginas seguintes é uma saraivada de tiros impiedosos, predominantemente políticos, acertando pelas costas (Luciano identifica de modo indireto as vítimas dos disparos, sem lhes citar os nomes, a fim de que não tenham como se defender) uma porção de pessoas e entidades proeminentes, avessas às suas idéias místicas.

Vê-se também, pela dedicatória transcrita, que o livro **O Atalho**, ora em processo de *retalho* sem *retaliação* pessoal, começa com uma tirada risivelmente contraditória: situa Armando de Oliveira Assis como "um dos mais profícuos presidentes da Federação Espírita Brasileira" quando nela praticamente nada fez, pois em sua gestão limitou-se quase só a apoiar as iniciativas de Luciano dos Anjos. Fazemos esta afirmativa com base nos dizeres do próprio Luciano dos Anjos, contidos no depoimento por ele prestado ao jornal *Correio Fraterno do ABC*, edição de novembro de 1990, onde se lê :

"Fui eu quem propôs ao então presidente Armando de Oliveira Assis — e dele obtive apoio — a renovação total do Departamento Editorial, com a substituição das rotativas tipográficas por 'offset', bem como a aquisição de outras máquinas inovadoras." (...)

" Fui eu quem promoveu a modificação de todas as capas dos livros editados pela FEB." (...)

"Fui eu quem criou o novo logotipo da FEB, no qual procurei destacar a letra "e", de Evangelho, Espiritismo e Esperanto."

"Fui eu quem renovou, completamente, em todos os sentidos, o 'Reformador', desde a capa, o expediente, as páginas dos anúncios e o miolo." (...) *"Os artigos eram publicados segundo critério meu; às vezes, diante de algum trabalho mais duvidoso, eu o passava para o presidente. Mas isso* só *acontecia porque os critérios de Armando coincidiam rigorosamente com os meus."* (...)

"Fui eu quem propôs, e o presidente apoiou imediatamente, a remodelação da Biblioteca da FEB, inclusive com a contratação de uma bibliotecônoma profissional." (...)

"Fui eu quem modificou inteiramente a livraria da

FEB." (...) "E quanto à Livraria, aqui cabe um esclarecimento. Ao contrário da Biblioteca, é óbvio que ali não poderíamos permitir a venda de obras contra os princípios defendidos pela FEB. Isso já não seria democracia; seria burrice." (...)

"Fui eu quem propôs o imediato lançamento da 5ª edição de 'Os Quatro Evangelhos', de Roustaing, que estavam esgotados." (...)

"Fui eu quem ponderou junto ao Armando para que trouxéssemos de volta antigos colaboradores do 'Reformador' e da própria FEB." (...) "Os próprios nomes que compuseram a chapa da Diretoria eleita e reeleita, com a assunção do Armando, foram sugeridos por mim: Abelardo Inaldo Magalhães, Lauro S. Thiago, Francisco Thiesen e Arthur Nascimento." (...)

A esta altura parece lícito, salvo melhor juízo, que os espíritas brasileiros da atualidade fiquem atentos para um detalhe curioso ou suspeito, no mínimo estranho: até pouco tempo circulou, na intimidade de nosso movimento doutrinário, a notícia de que nenhum dos três vice-presidentes da FEB simpatizava com a obra de Roustaing; de repente Juvanir Borges de Souza conseguiu incluir na Diretoria um quarto vice-presidente, que muito bem pode vir a ser o seu sucessor. Quem escolheu nessa presumível manobra com objetivo de prolongar o rustenismo na FEB? Lauro de Oliveira São Thiago. A menos que tal Lauro não seja o Lauro S. Thiago da confiança de Luciano dos Anjos, rustenista roxo, coisa difícil de acreditarmos, podemos dormir tranqüilos... Temos o direito de levantar essa preocupação, ou conjectura, publicamente, porque, consoante já viu o leitor, ela não é gratuita e sim fundamentada.

Continua Luciano dos Anjos as suas preciosas confissões, "após 15 anos de silêncio":

"Fui eu quem defendeu a manutenção da remessa do "Reformador" — contra a opinião do Thiesen — para aqueles que não estavam podendo pagar a assinatura." (...)

"Fui eu quem meditou e redigiu a série "O Atalho", após longa conversação que mantive com o Armando de Assis." (...)

"Fui eu que reagi contra a idéia, apresentada em reunião de Diretoria, de se separar a casa de Ismael em duas edificações: numa ficaria a parte administrativa e, noutra, a parte religiosa ou ... 'templo'. Nesse dia, confesso que quase desencarno. Chegou-se a pensar em edificar o tal 'templo' na saída do túnel Santa Bárbara, com melhor acesso para os freqüentadores de todas as zonas da cidade. Logo argumentei que essa proposta era um escorregão doutrinário horroroso. Em última análise, estaríamos edificando uma... igreja! Depois, viria, sem dúvida, o altar, a pia benta, os nichos de Bezerra, André Luiz etc. e as cantorias religiosas. Era uma loucura." (...)

Neste ponto, sejamos justos, a família espírita brasileira tem uma dívida de profunda gratidão a Luciano dos Anjos, não só porque evitou que a FEB instituísse formalmente, em pedra e cal (ou alvenaria moderna) o seu famoso "santuário de Ismael", devidamente ornamentado com altares e pias de água fluidificada, mas ainda porque ele informa como era, poucas décadas atrás, o clima das reuniões de Diretoria da FEB: capaz de *uma loucura,* diz.

E prossegue:

"Fui eu quem, dentro dos princípios expostos em "O Atalho", propus a extinção do Departamento de Infância e Juventude." (...)

"Fui eu o maior responsável pela correspondência que

era respondida pelo presidente da FEB." (...)

"Fui eu quem sugeriu ao Armando que se entregasse ao Thiesen as fichas elaboradas pelo Zêus Wantuil (este desejava que elas fossem entregues a outro confrade) contendo os dados que formariam a segunda parte da biografia de Allan Kardec, posteriormente editada." (...) *"... minha preocupação era quanto à abordagem que deveria ser feita relativamente a Roustaing."* (...)

Aqui temos uma revelação gravíssima, porque mostra que os três volumosos tomos intitulados ALLAN KARDEC (Meticulosa Pesquisa Bibliográfica), cujo custo, pela qualidade da edição abrigando praticamente novecentas páginas, deve ter consumido muito dinheiro da FEB, foram preparados nem tanto para contar a vida do Codificador da filosofia espírita, e sim para associar a sua imagem à de J. B.Roustaing. Tecnicamente, uma jogada de mestre do Luciano dos Anjos, sem sombra de dúvida o grande líder dos rustenistas, mesmo depois de ter sido apeado do poder; doutrinariamente, um crime que a História não perdoará.

Deveríamos talvez nos alongar na apreciação do valioso depoimento de Luciano dos Anjos, mas em todo caso fiquemos por aqui. Nas últimas palavras do texto ele exalta a FEB *"sob as bênçãos de Ismael"* (não lhe atribui as bênçãos do Criador, nem sequer do Cristo) e faz questão de lembrar que a instituição é agora presidida pelo seu *"particular amigo Juvanir Borges de Souza"*.

Que o tal Ismael continue abençoando os dois e Deus abençoe a nós outros!

Jogo Político

Complementando as linhas anteriores realçaremos nestas mais alguns dados comprobatórios de que:

1 - Juvanir Borges de Souza é sustentado na presidência da Federação Espírita Brasileira por um esquema rustenista radical, que nos estertores da morte começa a tirar a máscara de santidade evangélica mostrando os dentes afiados de arrogância.

2 - Este fato novo tem como objetivo pressionar os diretores da FEB não simpáticos à obra de Roustaing, a fim de evitar qualquer tentativa deles para eliminar dos Estatutos da instituição o dispositivo que a faz estudar a referida obra, de triste memória.

No já citado texto do *Correio Fraterno do ABC,* edição de novembro de 1990, Luciano dos Anjos deixa escapulir, por descuido ou intencionalmente, esta pérola do jogo político que ora denunciamos, com vistas à edificação geral dos espíritas brasileiros:

"Outras figuras foram por mim chamadas para se aproximarem da FEB, como o atual presidente, Juvanir Borges de Souza.." (vários nomes são alinhados a seguir).

No contundente livro **O Atalho**, Luciano não se cansa

de exaltar o atual presidente da FEB. À página 142 escreve:

"Importante é que, no momento, a presidência de Federação Espírita Brasileira se encontra em mãos de Juvanir Borges de Souza, comprometido obviamente com o programa de Ismael e com as determinações da linha estatuária da Casa-Máter do Espiritismo."

Na página 145 insiste:

"Seu presidente atual é, também, reconhecido homem de bem."

Na virada da página 153 para a de número 154, acrescenta:

"No momento, entregue à presidência de Juvanir Borges de Souza, a casa de Ismael segue sua trajetória de luz e amor, permanecendo depositada em mãos de seu dirigente máximo, aqui na Terra, a responsabilidade de manutenção daquela programática irreversível." (Atenção, leitor: *a palavra é programática e não problemática...)*

Para manter *irreversível* a programática rustenista Juvanir Borges de Souza ganha o pomposo título de *dirigente máximo, aqui na Terra,* da Federação Espírita Brasileira. Talvez por isso muito cioso de sua augusta autoridade, ocupe sozinho, sempre, as páginas de abertura da revista *Reformador*, nas quais, recentemente, fez o que outros presidentes da instituição nunca fizeram, atacando de forma direta e grosseira uma Editora genuinamente espírita.

O trecho, porém, mais revelador do livro **O Atalho**, útil como documento para provar que a nossa denúncia de uma divisão opiniática na Diretoria da FEB relativamente à obra de Roustaing é verídica, responsável, séria e não leviana, é exatamente este, contido à página 154, onde Luciano dos Anjos abre por inteiro seu jogo de cartas marcadas:

"E há algo ainda pior: alguns tartufos conseguem se

infiltrar até na diretoria e, astuciosos, ficam minando a instituição por dentro, porque não concordam com o programa estatutário, mas não largam os cargos. O embate é muito penoso. Reações externas e pressões internas."

Eis aí.

Espíritas sinceros, estudiosos, trabalhadores, conscientes, fiéis à filosofia codificada por Allan Kardec e adulterada por J. B. Roustaing, exultai!...

A Federação Espírita Brasileira já não é um bloco monolítico petrificado em perigoso desvio doutrinário, como precisou ser até a gestão de A. Wantuil de Freitas, para consolidar as bases sociais do Espiritismo no Brasil, coroando-a com o Pacto Áureo.

A FEB encontra-se graças à misericórdia divina que tarda mas chega na hora certa, positivamente minada por dentro, enfrentando um embate "muito penoso" sob reações externas e *pressões internas.*

Quem nos fornece a alentadora novidade é Luciano dos Anjos, com sua honestidade e o seu profundo conhecimento da veneranda instituição.

Tenhamos esperança no coração e movimentemos os dedos escrevendo as verdades generosamente silenciadas, porque agora vale a pena.

O alvorecer se aproxima qual doce promessa de paz, de concórdia, e talvez antes de desencarnar possamos todos, com as cicatrizes desta última batalha que não será perdida como as anteriores, ver brilhar no horizonte o sol da unificação doutrinária, impossível sem completa fidelidade à obra de Allan Kardec.

Linguagem Rasteira

O fato de que Luciano dos Anjos, no livro **O Atalho**, chama de *tartufos* os diretores da FEB refratários, ou indiferentes, à doutrina de Roustaing, mostra o grau da prepotência que domina o ânimo de alguns dos atuais teóricos e mandatários da referida instituição.

Como Juvanir Borges de Souza, seu Presidente, é talvez o último rebento de uma família de cristólatras amantes do poder temporal que fala muito em Jesus mas na prática não lhe segue os ensinos pacifistas, afiguram-se previsíveis choques e entreveros encarniçados nesta batalha final para enquadramento da FEB na legítima e autêntica religiosidade espírita.

Tudo bem, compreende-se o desespero e a beligerância dos rustenistas da atualidade, entretanto há um limite para tudo e os nossos adversários devem ser mais comedidos. Impõe-se moderarem a linguagem, já que não podem moderar os sentimentos.

No curto (e grosso) Editorial da revista *Reformador* de março de 1996, por exemplo, onde a palavra *cruz*, tão ao gosto dos católicos, é escrita nada menos de três vezes, os não-rustenistas atuantes são tachados de *perseguidores, fa-*

náticos, odientos, invejosos, insensatos, agressores e desequilibrados.

Assim é demais e o responsável pelo conteúdo dos Editoriais da revista, Juvanir Borges de Souza, é que parece andar necessitando de um pouco de equilíbrio...

Quanto ao Luciano dos Anjos, como vimos páginas atrás responsável pelo seu ingresso ou reingresso na cúpula diretiva febeana, será bom, igualmente, que policie a língua e a caneta.

Tartufo é um termo muito forte para adjetivar companheiros de crença: de acordo com o NOVO DICIONÁRIO AURÉLIO significa *homem hipócrita, devoto falso,* e segundo a clássica comédia *Le tartuffe,* de Molière, significa canalha da pior espécie, capaz de atitudes sórdidas para tirar proveito de situações.

Ora, Luciano sabe que os mais destacados não-rustenistas pertencentes à Diretoria da FEB são pessoas da maior dignidade e não merecem, portanto, um tratamento tão depreciativo da sua parte. Mesmo porque, até hoje, nunca moveram uma palha, pelo menos em público, para fazer cair a benfazeja chuva da verdade kardequiana na barraca ismaelina.

Quanto a nós, manteremos a sobriedade verbal nessa guerra em que entramos de peito aberto, não por mero exercício de elegância e sim por educação doutrinária.

É claro que acionaremos, vez por outra, as armas da ironia, que não chega a ser socrática mas também não se confunde com o sarcasmo, pessoalmente ofensivo. Afinal de contas, ninguém se mete em uma polêmica para perder, e quem nela deixa de utilizar recursos intelectuais competentes sai do campo de batalha morto, ou no mínimo mutilado.

Em nenhum instante, todavia, apelaremos para uma

única palavra de linguagem moralmente rasteira, como é a expressão *tartufo* a despeito de sua origem erudita.

O autor de **O Atalho**, que voa alto agarrando-se nas asas culturais de Arnold Toynbee, precisa aprender o essencial com o velho Menandro:

"Uma palavra causa às vezes muitas desgraças; e muitas vezes tem perdido aquele que a proferiu."

Uma Vergonha...

No *Intróito* do seu livro **O Atalho** Luciano dos Anjos não só escreve cinco vezes a palavra Espiritismo com letra inicial minúscula, contrariando a grafia adotada por Allan Kardec e demonstrando pouco apreço pelo nosso ideal; ele deixa logo suficientemente explícito que adiante irá defender, com unhas e dentes, *"o fiel cumprimento dos Estatutos da FEB, pregando (como fizeram Bezerra de Menezes e outros presidentes do passado) a linha doutrinária da instituição, consubstanciada no binômio Kardec e Roustaing".*

Esta estória de binômio Kardec e Roustaing, equivalente, em termos filosóficos, à mistura de azeite doce com vinagre azedo, pode ser analisada sob múltiplos aspectos.

Um é o aspecto da absoluta incompatibilidade teórica entre as doutrinas kardequiana e rustenista, ou roustainguista; numerosos escritores de nomeada já derramaram luz sobre o assunto e por isso não vamos logo entrar nele. Fica para depois, convém não dispersarmos as idéias afastando-nos do caminho traçado para pôr abaixo a construção sofística do volume **O Atalho**, estilhaçando cada um dos tijolos pela ordem seqüencial em que foram empilhados. Como Luciano dá importância à função crítica, certamente ficará satisfeito com essa providência. Afinal, sua obra-prima terá alguma repercussão (a merecida em lugar da esperada).

Outro aspecto é o resultado da tentativa de fusão das duas doutrinas, que não se afinam em nada porque a primeira tem substância racional e a segunda é mística. A experiência histórica de mais de um século no Brasil, único país do mundo onde tal tentativa foi implementada sistematicamente, mostra que ela só serve para gerar confusão e discórdia. Assim sendo não precisamos, por enquanto, abordar o assunto.

Há, no entanto, um aspecto digno de ser colocado em pauta urgentemente, e a ele destinamos estas linhas: é o referente à maneira como o disparatado *binômio Kardec e Roustaing* está sendo visto fora do âmbito de nosso movimento doutrinário.

Não exageraríamos se disséssemos, falando como um popular locutor de televisão, que o mencionado *binômio* constitui para os profitentes do Espiritismo, **uma vergonha**!

Sim, *uma vergonha.*

Pelo menos foi o que acabamos de sentir lendo, por acaso, interessante documento de 1995 da Universidade Federal do Pará. Trata-se de um *Trabalho de Conclusão de Curso apresentado como requisito à obtenção do grau de Bacharel em Ciências Sociais, sob a orientação da Profa. Maria Luzia Miranda Álvares, do Deptº de Ciência Política do Centro de Filosofia e Ciências Humanas da UFPA.* O autor chama-se José Henrique da Silva Soares e o título é:

Espiritismo e Sincretismo: O Cisma do Século XIX.

O aludido estudo acadêmico ocupa-se, preponderantemente, do grotesco *binômio Kardec e Roustaing.*

No penúltimo capítulo, intitulado *As Especificidades do Espiritismo Brasileiro,* entre outras anotações figuram tópicos como os que seguem:

"Há distanciamento no enfoque de Roustaing, das orientações da doutrina espírita, codificada por A. Kardec..." (página 39) ;

"No Brasil a obra mais enfática para o surgimento do CISMA entre os adeptos da doutrina foi 'Os Quatro Evangelhos' também chamado de 'Revelação da Revelação', obra psicografada por Emilie Collingnon, na França, em 1886. " (mesma página);

"Inaugurada em 1884, a FEB tem divulgado e ainda edita a obra de Roustaing. Esta poderia ser uma das razões que explicam a forte influência católica em certos espaços espíritas, práticas diferenciadas e próximas à religião católica." (p. 40);

"... menos de 1% dos espíritas brasileiros são roustainistas, concluindo isso a partir de uma comparação entre o número de obras vendidas, do codificador e aquelas que contém propaganda roustainista." (p.41) ;

"No conjunto das táticas utilizadas pela FEB, para a divulgação do roustainguismo, uma é "falar pouco sobre este, mas escrever, escrever e escrever", pondo a serviço destas idéias todo o seu 'poderoso' parque gráfico." (mesma página);

"A nova revelação feita por Roustaing apresentada por este como **Espiritismo Cristão,** *faz-nos imaginar que*

*esse autor avaliaria toda a codificação organizada por Allan Kardec como **não cristã.**"* (p. 44).

Aqui temos a maior injustiça que o perturbado Roustaing fez contra a obra de Kardec, pois este, em **O Livro dos Médiuns**, Capítulo XXIX, item 350, escreveu:

"A bandeira que desfraldamos bem alto é a do *Espiritismo cristão e humanitário*, em torno da qual já temos a ventura de ver, em todas as partes do globo, congregados tantos homens, por compreenderem que aí é que está a âncora da salvação, a salvaguarda da ordem pública, o sinal de uma era nova para a Humanidade."

Se, como Luciano dos Anjos, não tivéssemos cuidado no emprego das palavras, chamaríamos de *safadeza*, e não de *injustiça,* o estratagema de Roustaing para impingir aos espíritas sua mistificação.

E o pior é que o maquiavélico recurso veio a dar certo no Brasil em alguns setores intelectualistas fora da FEB, pois vemos companheiros ilustrados alardeando não aceitar o Espiritismo cristão por ser ele obra de J. B. Roustaing, pura falsidade.

Sem necessitar emitir juízo de valor sobre o estudo acadêmico em tela, que em alguns poucos trechos é passível de correções, sentimo-nos *envergonhado* ao ver como está chegando na esfera universitária a imagem do Espiritismo brasileiro.

De quem é a culpa?

Sem a menor dúvida, dos defensores do ridículo *binômio Kardec e Roustaing.*

A Má Fé dos Nossos Opositores

Nas linhas precedentes realçamos a atitude cavilosa de J. B. Roustaing, ao epigrafar de *Espiritismo Cristão* a obra que produziu com o concurso de uma única médium, na qual copia revelações feitas pelas Esferas Superiores a Allan Kardec mesclando-as com esdrúxulas fantasias para enganar almas ingênuas, ainda presas ao misticismo católico.

Agiu Roustaing de má fé porque através da referida atitude buscou conquistar adeptos, desqualificando, no plano religioso, o trabalho do mestre de Lyon, a quem recorreu e bajulou antes de trair.

Insistimos neste ponto:

O *Espiritismo Cristão* está nos livros lógicos de Allan Kardec e não nos volumes nebulosos do esperto advogado da antiga Corte Imperial de Bordeaux!

Ninguém pode acusar o Codificador de ter menosprezado a personalidade ou a mensagem do Cristo.

Desde **O Livro dos Espíritos**, onde se lê que Jesus é *"o tipo mais perfeito que Deus tem oferecido ao homem,* *para que lhe sirva de guia e modelo"*, passando pelo **O Livro dos Médiuns**, onde, conforme vimos na página anterior, consta o termo expressional *Espiritismo Cristão*, surrupiado de Kardec por Roustaing, até a **Gênese**, último tomo dado a lume pelo Codificador, temos palavras do mais alto apreço à pessoa do Cristo e aos seus ensinamentos.

No que tange ao livro **A Gênese**, eis o que diz o item 41 do capítulo I:

"O Espiritismo, longe de negar ou destruir o Evangelho, vem, ao contrário, confirmar, explicar e desenvolver, pelas novas leis da Natureza, que revela tudo quanto o Cristo disse e fez; elucida os pontos obscuros do ensino cristão, de tal sorte que aqueles para quem eram ininteligíveis certas partes do Evangelho, ou pareciam inadmissíveis, as compreendem e admitem, sem dificuldade, com o auxílio desta doutrina; vêem melhor o seu alcance e podem distinguir entre a realidade e a alegoria; o Cristo lhes parece maior; já não é simplesmente um filósofo, é um Messias divino."

Independente disso tudo, Kardec logo depois de estruturar a filosofia espírita em seu primeiro livro, e de lhe assentar bases científicas no segundo, deu-lhe caráter religioso no terceiro, ***O Evangelho Segundo o Espiritismo***, assumindo por completo a personalidade e a mensagem de Jesus, naquilo que é possível assumirmos sem sacrificar o bom senso: a sua feição humana e o seu ensino moral.

Allan Kardec, em **O Evangelho Segundo o Espiritismo**, só não tratou dos *"atos comuns da vida do Cristo; os milagres; as predições; as palavras que foram tomadas pela Igreja para fundamento de seus dogmas "*, porque tais coisas *"têm sido objeto de controvérsias"*. Declarou isso, expressamente, no parágrafo inicial da *Introdução.*

O vaidoso Roustaing, conseqüentemente, reivindicando para si a autoria do *Espiritismo Cristão*, além de mentir para a posteridade, ludibriando alguns espíritas tolos, iletrados ou supostamente cultos, causou ao nosso movimento ideológico o pior de todos os males, trazendo para dentro dele o ácido corrosivo de uma discussão interminável, difusa e confusa, que nunca levou a nada de útil e jamais terá qualquer proveito teórico ou prático. É por isso que consideramos o rustenismo como um vírus aidético inoculado no corpo doutrinário do Espiritismo pela astúcia de padres jesuítas do espaço.

No artigo **Diante da Insensatez** (revista *Reformador*, fevereiro 1996) o atual presidente da FEB, Juvanir Borges de Souza, comprazendo-se em vilipendiar o volume *Conscientização Espírita*, de Gélio Lacerda da Silva, finaliza sublinhando o apontamento acima, isto é, dizendo que **O Evangelho Segundo o Espiritismo** *"só trata dos ensinos morais dos Evangelhos"*; estribado nisso declara ter sido *"a questão Roustaing criada artificialmente pelos intolerantes, que pretendem impor seu entendimento"*, impedindo outros espíritas de estudarem, à luz, ou melhor, à sombra da obra de Roustaing, os elementos da vida do Cristo que não se ligam aos ensinos morais. Alertamos o leitor para o fato de que, neste ponto, Juvanir Borges de Souza também age de má fé, como o seu guru, omitindo de propósito o detalhe de ter Kardec produzido uma obra de mais de quatrocentas páginas, a já referida **A Gênese,** na qual aborda **Os Milagres e as Predições Segundo o Espiritismo.** O Codificador realizou a tarefa com excepcional competência, empregando o raciocínio lógico, e assim tornou desnecessários os volumes místicos de Roustaing.

O Espiritismo e as Escrituras

Concluindo a abordagem específica do problema relacionado com a má fé de J. B. Roustaing, ao batizar sua obra com o epíteto de **Espiritismo Cristão**, alusivo ainda à má fé de Juvanir Borges de Souza, tentando justificar o estudo de *Os Quatro Evangelhos* rustenistas, omitindo intencionalmente o fato de ter Allan Kardec escrito uma brochura com mais de quatrocentas páginas, tratando das *predições* e dos *milagres* do Cristo, desejamos agora alertar o leitor para a imperiosa conveniência de não cairmos nas malhas dos modernos docetistas que, como hábeis pescadores em águas mansas, lançam nos lagos descuidosos do movimento espírita nacional suas redes coloridas, visando nos enrolar em discussões estéreis sobre trechos da Bíblia e do Novo Testamento.

Devemos agasalhar respeito pelas Escrituras tidas como Sagradas, e quanto a isto Kardec nos instrui com perfeita visão do processo em que se tem desdobrado, no decurso de milênios, a revelação divina neste mundo atormentado pela ignorância, explicando que as mensagens de Moisés, de Jesus e dos Espíritos representantes do *Consolador Prometido*, apropriadas a diferentes estágios evolutivos dos seres humanos, interpenetram-se, conjugam-se, correlacionam-se e se completam.

Muito bem.

Mas isso não quer dizer que renunciemos às conquistas da inteligência, sem as quais nunca transformaremos os impulsos instintivos em sentimentos puros, a fim de afundar em devaneios líricos e carolas, como o fazem os partidários de J. B. Roustaing, ruminando a erva da fantasia no campo acidentado das interpretações evangélicas e bíblicas, pois, como assinalou Kardec, o que importa nesse terreno é o ensino moral.

Em nossa literatura doutrinária temos um livro de Mário Cavalcanti de Melo — **Da Bíblia Aos Nossos Dias** — prefaciado por Deolindo Amorim (Curitiba, 1972; infelizmente os exemplares não indicam Editora, mas por eles sabe-se que a impressão foi feita nas oficinas da *Indústria Gráfica Saraiva S. A.*) ; tal livro desnuda, de maneira eloqüente, as *"lendas, erros e contradições"* das velhas Escrituras tidas como Sagradas.

Mesmo nos Evangelhos universalmente aceitos de Mateus, Lucas, Marcos e João, pululam incongruências e obscuridades. Neles deparamos com uma série de registros contraditórios que anulam qualquer esforço honesto de interpretação. Um rápido exemplo que pinçamos de um texto da lavra do saudoso mestre Carlos Imbassahy e incluímos em nossa brochura **A Ética Espírita Sem Misticismo**, publicada pela Editora *Correio Fraterno do ABC, é este:*

Mateus informa que, no dramático episódio da crucificação de Jesus, os dois salteadores postados à sua esquerda e à sua direita proferiam impropérios contra ele (Capítulo 27, versículo 44). Lucas garante que só um blasfemava, enquanto o outro defendia o Cristo (Capítulo 23, versículos 39 e 40).

Outro exemplo mais definitivo:

João, "o discípulo amado", nega que Jesus dê testemunho de si mesmo e depois afirma exatamente o contrário (compare-se o versículo 31 do Capítulo 5 com o versículo 14 do Capítulo 8).

Esta não tem saída; mas há outra pior:

João assevera que o Cristo sabe tudo (Capítulo16, versículo 30), porém Marcos o desmente, afiançando que algumas coisas Jesus ignora (Capítulo 13, versículo 32).

E por aí segue a procissão...

Eis a pergunta magna:

Vale a pena nos prendermos como carrapatos na pele escamosa e escorregadia desse monstrengo que é o vício mental de interpretar os Evangelhos e a Bíblia fora do âmbito do ensino moral?

Pois nisso se resume a contribuição ofertada ao movimento espírita brasileiro pela obra de Roustaing.

Efeito Prático do Binômio Kardec e Roustaing

Alinhando ainda oportunas reflexões em torno do famigerado *binômio Kardec e Roustaing,* que Luciano dos Anjos entroniza no primeiro Capítulo da obra **O Atalho**, precisamos dizer algo sobre os dois aspectos mais salientes do assunto, por nós já enumerados:

1 - A total incompatibilidade teórica da doutrina rustenista com a doutrina kardequiana.

2 - O efeito prático da tentativa de fusão das duas doutrinas antagônicas.

Comecemos por este último aspecto que demanda menos juízos de valor filosoficamente aprofundados, apoiando-nos em fatos.

Estes escritos nasceram de um gesto incomum e infeliz do presidente da FEB Juvanir Borges de Souza, atacando de maneira contundente o volume *Conscientização Espírita*, de Gélio Lacerda da Silva, publicado em boa hora pela Editora EME de Capivari - São Paulo, pouco antes também atacada sob outro pretexto (apropriação — eticamente justificável — de mensagens mediúnicas pertencentes ao patrimônio doutrinário-financeiro da FEB) . Com tais agressões Juvanir pretendeu dar o seu *recado,* que se resume neste aviso a quem interessar possa: enquanto ele for o *dirigente máximo, aqui na Terra* (título com o qual foi agraciado por Luciano dos Anjos) da *Casa-Máter do Espiritismo,* ela continuará tentando a impossível fusão da doutrina de Roustaing com a de Kardec, chova ou faça sol, na paz de aparência ou na guerra declarada.

O efeito prático desse estado de ânimo, historicamente, sempre foi desastroso para o nosso movimento, mas como isso todo mundo sabe, podemos, na presente oportunidade, chamar a atenção dos leitores apenas para um desvario do confrade Juvanir Borges de Souza: ele acusou Gélio Lacerda da Silva de *"inverdades, meias-verdades, mentiras, calúnias, falsidades, e intrigas"*, mas nada, absolutamente nada, provou nesse sentido. Não apresentou nenhum fato, nenhum escrito de fonte identificada, nenhum elemento testemunhal em abono das suas ofensas morais.

Ora, de permeio com fartas e bem concatenadas críticas à obra de Roustaing, o livro *Conscientização Espírita* contém denúncias gravíssimas contra as diretorias da FEB, devidamente documentadas. Transcreve relatórios, cita noticiário da revista *Reformador* e trechos confiáveis de outros periódicos espíritas; reproduz circulares de orientação pedagógica e administrativa, cartas pessoais, diálogos e entrevistas impressas com vultos proeminentes de tradição febeana, discordantes da xaropada rustenista, enfim exibe uma porção de informes de alta expressividade que deveriam ser desmentidos, ou contraditados, por quem veio a público para desmerecê-lo.

Verberar e denegrir um tomo tão bem lastreado, imputando-lhe mentiras e calúnias, entre outros deslizes, sem querer apontar essas mentiras e calúnias porque *"seria pura perda de tempo a elas responder"*, como alegou Juvanir Borges de Souza no artigo **Diante da Insensatez** (*Reformador,* fevereiro, 1996), constitui procedimento imperdoável, representa uma desconsideração aos leitores inteligentes e revela uma arrogância ante a qual os espíritas brasileiros mais cordatos não têm por que se curvarem.

Afinal de contas, o fato de ser presidente de uma instituição respeitável, como a FEB, que nos cumpre a todos prestigiar mas nem por isso ter como infalível, não confere ao companheiro Juvanir o direito de desancar um livro sem ocupar-se do seu conteúdo essencial.

Se ele quer exercer a função crítica apesar do doce apego a *Nosso Senhor Jesus-Cristo* (expressão católica, com cheiro de sacristia), faça-o criteriosa e fundamentalmente, como estamos fazendo com a grossa brochura de Luciano dos Anjos.

Se não quer, respeite o livro, porque todo livro, quando não tem indignidades ou impropriedades apontadas merece respeito, mesmo sendo simplesmente um aglomerado de artigos soltos, desconexos e repetitivos, como os seus, que saem por conta do rico departamento editorial da FEB, tão zeloso na defesa de direitos patrimoniais sobre obras mediúnicas de sucesso, a ponto de ameaçar com processo na Justiça uma humilde Editora que inclui em pequenos livros de bolso, vendidos a preços populares para os pobres, umas poucas mensagens psicográficas cuja propriedade exclusiva reivindica. (Como alguém já observou, um dia o Poder Judiciário reconhecerá que nenhuma instituição é detentora de direitos patrimoniais sobre obras mediúnicas, pois os papéis de doação legal são assinados por médiuns e estes jamais foram os legítimos autores dos textos — não passam de intermediários, portanto, não podem presentear aquilo que, pela origem, não lhes pertence).

Enfim, é em casos dessa natureza, senão piores, que resulta, freqüentemente, a tentativa de fusão da doutrina de Roustaing com a de Kardec.

Contradição Filosófica Insanável

Dissertando ainda sobre o *binômio Kardec e Roustaing*, que enfeita como jóia falsa o Capítulo inicial do livro **O Atalho**, de Luciano dos Anjos, cumpre-nos deixar patente, de maneira límpida e insofismável, a absoluta incompatibilidade teórica da doutrina rustenista com a doutrina kardequiana.

Diversas obras já foram dadas a lume para realizar tão fácil tarefa, e se não tiveram maior êxito de público foi pelos seguintes motivos:

1 - A comunidade espírita de um modo geral despreza o assunto, porque nunca teve paciência e o mau gosto de ler *Os Quatro Evangelhos* do Sr. Roustaing ainda editados somente pela FEB, contendo nada menos que *duas mil, cento e vinte e três páginas* distribuídas em quatro grossos volumes (na edição francesa original eram três).

2 - Na *maioria*, os companheiros de crença que justificadamente se incomodam com essa mistificação preferem nada fazer contra ela, mesmo quando dirigem Entidades dos diversos Estados, integrantes do *Conselho Federativo Nacional* da FEB; uns porque são acomodados por tem-

peramento ou errônea noção de humildade; outros porque não desejam pôr em risco suas posições de liderança na estrutura formal do movimento doutrinário, propiciadoras de *status* sem o qual não sabem viver; finalmente alguns porque adoram posar de *santos*.

3 - Os autores que corajosa e sensatamente, desmascararam as tolices e pieguices da obra de Roustaing não puderam deixar de lado a questão do corpo fluídico de Jesus, tese canhestra inspirada não nos ensinos kardequianos e sim nos devaneios de um pensador agnóstico do século II.

Em razão disto, quando se fala atualmente no movimento espírita brasileiro em Roustaing ou rustenismo, vem logo à tona o imaginário corpo fluídico de Jesus e uma discussão pertinente tem começo; por ser enfadonha para o maior número de confrades, pouco afeitos ao estudo da doutrina em nível filosófico, dura pouco.

É uma pena, pois a teoria do corpo fluídico de Jesus tem graves implicações doutrinárias negativas, e devemos todos, acima de tudo, zelar pela pureza e integridade da mensagem que o Mundo Espiritual Superior nos trouxe através dos livros insuperados de Allan Kardec!

Tal teoria não se liga somente à crença católica na virgindade de Maria, situando o organismo humano, produto da função sexual criada por Deus dentro da Natureza, como *"lama pútrida"* indigna de abrigar um Espírito de escol semelhante ao Cristo. Liga-se ainda à tese da evolução em linha reta de Jesus sem qualquer passagem pelo envoltório material, destruindo assim pela base um dos pilares sustentadores da filosofia espírita, que é a Lei da encarnação e reencarnação.

Tentaremos a seguir explicar ao leitor esta sutileza doutrinária, que não é de fácil entendimento para muitos.

O problema, na verdade, é o seguinte, vejamos em termos bem didáticos, repetitivos:

A *encarnação*, e conseqüente *reencarnação do Espírito,* constituem ou não constituem *lei natural,* portanto *divina,* como revela a filosofia espírita?

Se constituem, existem para todos os Espíritos, consoante diz a doutrina codificada por Allan Kardec, e não apenas para alguns, conforme apregoa a doutrina inventada por J. B. Roustaing.

Se um único Espírito atingiu a perfeição sem jamais encarnar, todos os outros poderiam ter conseguido o mesmo feito. Logo, a *encarnação* e *reencarnação* são meros acidentes no destino da alma e não lei natural, divina, pois *lei* é um princípio universal sem exceção.

Ora, toda a filosofia espírita se articula tendo por eixo central a *lei* da encarnação e reencarnação. Ela anula o dogma das penas eternas, no qual por sua vez se articula a teologia católica com a doutrina da *graça*, que legitima os diversos sacramentos da Igreja.

Então, interessa aos padres desencarnados que não se conformam com o progresso do Espiritismo, transmitir mensagens mediúnicas desqualificando a *lei* da encarnação e reencarnação, ferindo de morte a nossa doutrina naquilo que lhe é mais vital. Foi o que tentaram fazer por intermédio da mistificação rustenista com superlativa astúcia, aproveitando-se da figura por todos os títulos respeitável do Cristo.

Por trás da teoria do corpo fluídico de Jesus encontra-se camuflada a tese de que só encarna o Espírito sujeito a *castigo* por ter cometido um grande pecado no estado de inocência: é a lenda dos *anjos decaídos,* da *Santa Madre...*

A Prova Documental da Contradição

Concluindo nossa principal objeção ao *binômio Kardec e Roustaing* (outras existem e delas nos ocuparemos mais adiante), importa provarmos documentalmente a contradição insanável entre a doutrina de um e de outro.

Para isso não precisamos ir muito longe. Aliás não *devemos* ir, pois se resolvermos esmiuçar *Os Quatro Evangelhos* de J. B. Roustaing faremos o jogo de seus fanáticos seguidores, caindo na teia de uma discussão interminável.

Abramos o volume 1 da referida obra, na 6ª edição da FEB. Leiamos o parágrafo que passa da página 166 para a 167, mais um parágrafo da página 311 e uma frase da página 317. Ei-los:

"Mas, não esqueçais: todo aquele que reveste a carne e sofre, como vós, a encarnação material humana — é *falível.* Jesus era demasiado puro para revestir a libré do culpado. Sua natureza espiritual era incompatível com a encarnação material, tal como a sofreis. Sua encarnação foi qual vos temos anunciado. Ele não esperou, sepultado no seio de uma mulher, a hora do nascimento. Tudo, conforme vo-lo explicaremos, *como obra do Espírito Santo,* isto é, dos Espíritos do Senhor, foi aparência..." (pp. 166/167)

"Qualquer que seja a causa da queda, o orgulho, inveja ou ateísmo, os que caem, tornando-se por isso Espíritos de trevas, são precipitados nos *tenebrosos lugares* da *encarnação humana*, conforme o grau de culpabilidade, nas condições impostas pela necessidade de expiar e progredir."(p. 311)

"Não; a encarnação humana não é uma necessidade, é um castigo, já o dissemos." (p. 317)

Agora comparemos tais escritos com os de Kardec. Na pergunta 133 de **O Livro dos Espíritos** ele indagou dos seres do Além responsáveis pela III Revelação:

"Têm necessidade de encarnação os Espíritos que, desde o princípio, seguiram o caminho do bem? "

A resposta da Espiritualidade Superior, clara, objetiva, enfática e fulminante para os docetistas ainda incubados, não se fez aguardar:

"Todos são criados simples e ignorantes e se instruem nas lutas e tribulações da vida corporal. Deus, que é justo, não podia fazer felizes a alguns, sem fadigas e trabalhos, conseguintemente sem mérito."

Tão bem intuído estava o Codificador que insistiu no assunto, a fim de eliminar qualquer dúvida doutrinária: acrescentou à referida pergunta o item suplementar que segue com a respectiva resposta:

"a) — *Mas, então, de que serve os Espíritos terem seguido o caminho do bem, se isso não os isenta dos sofrimentos da vida corporal?*

"Chegam mais depressa ao fim. Demais, as aflições da vida são muitas vezes a conseqüência da imperfeição do Espírito. Quanto menos imperfeições, tanto menos tormen-

tos. Aquele que não é invejoso, nem ciumento, nem avaro, nem ambicioso, não sofrerá as torturas que se originam desses defeitos."

Eis aí, para não ir mais longe, por enquanto, a prova cabal de que esta estória de *binômio Kardec e Roustaing* é pura artimanha, de feição católica escondida, destinada a corromper a consistência filosófica do Espiritismo. Para isso foi implantada em nosso meio doutrinário, por ação de sacerdotes desencarnados espertíssimos e colaboração de uns poucos companheiros de crença, ainda não libertos de tendências místicas atávicas.

Irmãos Siameses

Haveria muito mais o que dizermos sobre o *binômio Kardec e Roustaing*, mas fica para depois porque convém avançarmos na apreciação da brochura **O Atalho**, de Luciano dos Anjos; afinal de contas ainda não transpusemos o seu *Intróito*; segue-lhe um *Proêmio* (a rigor deveria ser o inverso) assinado por Armando de Oliveira Assis.

No tal *Proêmio* o ex-presidente da FEB lembra o fato de que a revista *Reformador*, onde os textos hoje enfeixados no volume **O Atalho** tiveram sua primeira divulgação, *"reflete a opinião e a orientação seguida pela FEB, dado que essa revista é a tribuna escrita da Casa-Máter"*.

Desconhecemos se Juvanir Borges de Souza, atual presidente da Federação Espírita Brasileira, aprova as idéias de Luciano no conjunto ou em parte, mas como este lhe conferiu o honroso título de *"dirigente máximo, aqui na Terra"*, da referida *Casa-Máter*, temos o direito de supor que um age pelo outro e o outro fala pelo um... Os acontecimentos sugerem que ambos se completam, formam uma dobradinha perfeita, o primeiro ostentando *ares de* ***São Francisco,*** ultimamente postos de lado para descaridoso ataque à Editora EME de Capivari, São Paulo, e o segundo empregando em sua produção intelectual o estilo de Camille Desmoulins, panfletário e nada espírita.

A esta altura é impossível alguém saber onde está o dedo do Juvanir Borges de Souza e a unha do Luciano dos Anjos. Eles conseguem reunir a retórica à práxis em impressionante simbiose. Um teoriza, o outro executa. Empregando a tática do morcego para se alimentar durante à noite, sugando animais adormecidos, um chupa o sangue vital da filosofia kardequiana e o outro abana a vítima (o nosso movimento doutrinário) para ela não acordar, oferecendo-lhe vistosos Congressos.

E assim, com o decidido e dinâmico apoio intelectual de Luciano dos Anjos, que tem meios de influenciar o Conselho Superior da FEB, Juvanir Borges de Souza vai se reelegendo para novos mandatos à frente do *"santuário de Ismael"*.

E também assim, como amigo do rei, Luciano dos Anjos vai conseguindo editar folhetos que são farta e gratuitamente distribuídos em todo território nacional.

Até quando este esquema político dará certo é uma incógnita. Uma coisa, porém, parece inevitável, tendo-se em vista fatos recentes muito significativos: ele cairá por terra mais cedo do que julgam os seus beneficiários.

A cada dia cresce, avoluma-se, a insatisfação dos espíritas brasileiros doutrinariamente bem informados, no que tange à infidelidade da FEB para com a obra de Allan Kardec.

Muita gente com o poder de fogo ficava quieta perante o gravíssimo problema, deixando enferrujar as suas armas, por questão de espírito conciliador, indulgente, mas no instante em que Juvanir Borges de Souza atirou para longe a pele de ovelha do comportamento "evangélico", e mostrou os dentes de lobo uivando ameaçadoramente contra uma humilde Editora e um escritor desprotegido, a situação mudou, e já não se justifica o silêncio de nenhum espírita lúcido e digno sobre as falhas humanas e angélico-ismaelinas da FEB, que mesmo investindo na condição de *Casa-Máter* não pode pretender a glória da infalibilidade e o respeito *incondicional* dela decorrente, como se fosse o Vaticano.

Técnica de Sobrevivência dos Rustenistas

No capítulo I do livro **O Atalho,** como não poderia deixar de ser, Luciano dos Anjos focaliza a Igreja Romana. Estampa este título: **A desfiguração do Catolicismo**.

O que temos nós, espíritas, a ver com o Catolicismo?

Seguramente, **nada**!

Temos tudo a ver com *Cristianismo.*

A desfiguração do Cristianismo nos interessa, a do Catolicismo somente deve interessar aos católicos, declarados ou disfarçados...

Luciano, como fiel docetista, preocupa-se com o destino da *Santa Madre*, buscando salvar a sua teologia com o concurso da nossa filosofia. Para isso agarra-se no *binômio Kardec e Roustaing*, que já demonstramos ser uma farsa.

Mais de vinte páginas são consagradas pelo autor de **O Atalho** ao aludido tema, porque ele acha que o *"exame histórico do catolicismo é, pois, a primeira peça para a análise crítica do movimento espírita."* (p.20)

Não é não, a menos que se queira, como todo rustenista quer, por uma questão técnica de sobrevivência em nosso meio doutrinário, associar o Espiritismo ao Catolicismo.

Ora, o Espiritismo — nunca será demais repetir — historicamente só possui vinculação com o Cristianismo; o Catolicismo lhe é estranho, uma vez que não passa de um desvirtuamento dos ensinos de Jesus.

Esclarecido este pormenor (ou *pormaior*...) de suma importância, porque é em cima de tal premissa falsa que Luciano dos Anjos montará todo o seu sistema de idéias, conseqüentemente falsificadoras da substância religiosa da nossa doutrina, acompanhemos seus passos trôpegos. Faz ele a seguir uma penca de citações das Escrituras tidas como Sagradas, e logo na página 21 escreve:

"Em maio de 64, Paulo volta a Roma, ficando preso pela terceira vez, em agosto daquele mesmo ano. Ali, afinal, é decapitado dias após, libertando-se-lhe o espírito glorioso, para uma retomada, na Terra, que só ocorreria, ao que parece, no século XVI, na figura de Martinho Lutero."

Eis, aqui, outro traço típico da mentalidade dos rustenistas, conflitante com o modo de pensar dos verdadeiros espíritas: enquanto estes, em virtude do aprendizado que fizeram na codificação kardequiana, são lógicos, e exercitando o bom senso jamais se aventuram a trazer para o movimento doutrinal conjecturas meramente especulativas, de nenhum valor ético, aqueles, contaminados pelo misticismo de Roustaing, adoram disseminar em nosso meio toda sorte de fantasias sem a menor utilidade moral.

Se Martinho Lutero, um padre idealista, ilustre e bem intencionado, movido por nobilitantes propósitos mas mesmo assim não inteiramente liberto do fanatizante dogmatismo igrejeiro, foi ou deixou de ser a reencarnação do grande apóstolo Paulo de Tarso, a quem o Cristo delegou a mais relevante tarefa para a propagação universal da sua mensagem, é impossível sabermos, e não há necessidade de perdermos tempo com isso. (Duvidamos, porque de acordo com a filosofia codificada por Kardec os Espíritos evoluem ou estacionam, nunca retrogradam).

O que se impõe é termos cuidado para manter o Espiritismo eqüidistante de toda espécie de devaneio alienante, porque justamente isso é que tem afastado de nossos Centros e Livrarias pessoas sérias, positivas, sensatas.

Luciano dos Anjos, como bom rustenista, sempre foi especialista em descobertas reencarnatórias. É, obviamente, um direito seu. Acontece que, para reforçar suposições inverossímeis, aplica um método condenável: envolve personalidades famosas alheias ao assunto, de uma forma que não nos permite verificar se a informação é exata, correta. Quando, por exemplo, coloca Lutero como Paulo reencarnado, chama para o rodapé da página 21 do livro **O Atalho** uma nota onde inclui a seguinte frase:

"Esta hipótese ainda é especulativa, embora o médium Francisco Cândido Xavier já a tenha admitido junto a alguns amigos íntimos."

Mais adiante o nome de Francisco Cândido Xavier, e de Divaldo P. Franco, serão invocados em apoio a outras afirmações suspeitosas, convenientes à política da FEB em favor da obra de Roustaing (espere o leitor que chegaremos lá). Como o conceituado e querido médium de Uberaba, por sua vez, nada contradiz, implicitamente concordando com tudo, ficamos sem poder apurar a verdade dos fatos. Adotando essa técnica Luciano dos Anjos vai vivendo como escritor e Juvanir Borges de Souza vai sobrevivendo como *"dirigente máximo, aqui na Terra" da Casa-Máter* do Espiritismo, ainda que, a esta altura, os setores esclarecidos do nosso movimento doutrinário só deseje uma coisa de ambos: **distância.**

Um Primor de Articulação Sofística

Prossegue Luciano dos Anjos, no Capítulo I do livro **O Atalho**, o seu discurso doutrinariamente injustificável sobre a desfiguração do Catolicismo que, estamos todos fatigados de saber, nada tem de comum com o Espiritismo.

Com uma retentiva privilegiada recapitula incidentes importantes e insignificantes do primitivo colégio apostólico cristão, mostrando que lhe sobra o conhecimento da História; o que lhe falta é o conhecimento doutrinário.

Quem quiser alargar o horizonte cultural por diletantismo muito lucrará com o Capítulo I do livro de Luciano; quem prentender aprofundar sua noção da verdade à luz do Espiritismo nada de útil nele encontrará.

O Autor de **O Atalho** logo de início nos dá uma aula até certo ponto erudita para provar que as *"fontes essenciais da doutrina católica, não devem ser buscadas apenas nos textos da Sagrada Escritura, mas também na tradição, que interpreta e desenvolve o conteúdo desses textos"*. (página 37)

Por que devemos nós buscar as fontes essenciais da

doutrina católica quando professamos uma diametralmente oposta a ela?

Porventura, ou por desventura, existe a mínima possibilidade de misturarmos as suas águas?

Se, por curiosidade inconseqüente, almejássemos localizar as *fontes essenciais da doutrina católica*, não iríamos recorrer à *tradição*, que na realidade não *interpreta* e muito menos *desenvolve* o *conteúdo* dos textos evangélicos, apenas os torna mais obscuros — iríamos recorrer à *psicologia*, que explica as fraquezas humanas e a ambição pelo poder temporal.

Ocorre que nem no fundo, nem na superfície de nossa consciência filosófica, temos o menor interesse em descobrir essas puras ou poluídas *fontes essenciais*; que façam bom proveito delas os católicos e seus derivados, isto é, os seguidores de Martinho Lutero, dado por Luciano dos Anjos como reencarnação de Paulo de Tarso, sendo menos sectaristas e deixando de nos acusar de fazer pacto com os demônios. Eis tudo o que nos cumpre desejar.

A última folha do Capítulo I de **O Atalho** é um primor de articulação sofística. Lendo-a com frieza a gente tem vontade de rir e bater palmas para a fulgurante habilidade estilística de Luciano: um gênio na arte literária, infelizmente a serviço do erro. Ele consegue inverter todos os dados da sua real formulação teórica e executa isso com tamanha maestria que encaixa em um parágrafo, com a maior naturalidade, o seguinte tópico:

"E o desafio é este: que o movimento retorne, urgentemente, à pureza primitiva da doutrina codificada por Allan Kardec, nos termos em que clamaram — e em tom clangoroso — os editoriais e artigos divulgados pela Federação Espírita Brasileira, particularmente durante o quinqüênio de

1971 a 1975."

O período citado, de quatro anos, foi o da gestão de Luciano dos Anjos, sob a presidência figurativa de Armando de Oliveira Assis, conforme já demonstramos com base em uma confissão feita publicamente pelo autor do livro **O Atalho** através do jornal **Correio Fraterno do ABC**.

E o dito autor, cabeça pensante do grupo responsável pelo desvio doutrinário do cisma de Roustaing, vigente na FEB, propõe com a maior cara de pau do mundo *que o movimento espírita retorne, urgentemente, à pureza da doutrina codificada por Allan Kardec...*

Grande piada!

Se é isto que aspira por que não pára de escrever e não manda o Juvanir Borges de Souza (por ele levado para dentro da FEB) renunciar?

O retorno do movimento espírita, administrado pelo "santuário de Ismael", à *pureza primitiva da doutrina codificada por Allan Kardec* sempre foi o que os não-rustenistas pediram e agora, cansados de solicitar humildemente, estão exigindo.

Não adianta mais a utilização de recursos verbais requintados para conter os espíritas sinceros do Brasil, porque a maioria deles já possui consciência crítica capaz de distinguir o joio do trigo, e está informada de que, por trás da tese do corpo fluídico de Jesus, esconde-se a teoria católica dos *anjos decaídos*, conflitante com a *lei* da encarnação e reencarnação, princípio fundamental da nossa filosofia.

Chegou a hora da verdade!

Golpe de Mestre

O Capítulo II do livro **O Atalho** apresenta como título *O Grande Medo de Kardec,* e já por esta epígrafe se vê que Luciano dos Anjos conhece muito pouco o caráter do Codificador e a característica marcante de sua obra.

Kardec não era homem de ter medo nem a filosofia por ele codificada contém proposições tímidas. Mas deixemos de lado isso, que fica por conta da desmedida admiração de Luciano por J. B. Roustaing e os seus **Quatro Evangelhos** seguramente apócrifos.

O autor de **O Atalho** começa recheando o pastel do Capítulo II com mais azeitonas históricas, agora para nos informar sobre o processo de sucessão dos Papas da Igreja Católica, Apostólica e Romana antes e depois do surgimento de Martinho Lutero, o que, já anotamos, nenhum interesse tem para a cultura espírita; termina nos *empapando* de conhecimento inútil e só põe o pé no freio quando esbarra na Revolução Francesa, à página 52; aí exalta o heroísmo de Camille Desmoulins e desperta, livrando-se do transe... Inicia, então, o depoimento relativo ao medo de Kardec. Fornece-lhe a data de nascimento, pinta o quadro intelectual da época e desenha, enfim, o perfil da III Revelação na qual —

destaca citando o volume **Brasil, Coração do Mundo, Pátria do Evangelho** — Roustaing *"organizaria o trabalho da fé "*.

Empregando este expediente dá partida à pavimentação (com negro asfalto fabricado em máquina mediúnica respeitável) da via que irá percorrer para atingir seu desiderato: convencer o leitor da validade do *binômio Kardec e Roustaing.*

Temos, aqui, outro esperto lance no jogo maquiavélico dos rustenistas: como eles não possuem argumentos justificadores das teorias filosoficamente anti-espíritas a que se aferram, usam o nome de figuras prestigiosas de nosso movimento doutrinário para valorizá-las. Francisco Cândido Xavier é a principal delas, e a brochura **Brasil, Coração do Mundo, Pátria do Evangelho,** que lhe foi ditada pelo Espírito Humberto de Campos, encaixa-se como uma luva na mão do sagaz Luciano dos Anjos.

Consoante costuma fazer Juvanir Borges de Souza, seu discípulo, volta e meia ele reafirma, repete, repisa a cantilena de que o mencionado tomo de Francisco Cândido Xavier aprova, como representativo de nossa fé, o catastrófico trabalho de Roustaing. E assim, ao lado de Juvanir, marinheiro de primeira viagem que à sua sombra pilota o barco da FEB, vai navegando em águas turvas. Os dois, *Cosme e Damião* do *Santo Guerreiro* da antiga Corte Imperial de Bordéux, julgam nos colocar em um beco sem saída, senão para esta encruzilhada: ou aceitamos o cisma roustainguista ou entramos em choque com a monumental produção mediúnica do consagrado psicógrafo mineiro, que a esta altura merece o maior apreço da comunidade espiritista nacional.

Um golpe de mestre!...

Safemo-nos dessa punhalada com extrema cautela, sem

escorregar na casca de banana que Luciano dos Anjos nos põe no caminho.

Em primeiro lugar, ressaltemos para o leitor que somente um livro (e no livro somente uma frase), no conjunto de mais de trezentos ou quatrocentos do mesmo médium, significa praticamente nada. Chega até a ser negativo para a obra de Roustaing o fato de ter sido ele citado uma única vez em tantos livros de Francisco Cândido Xavier.

Em segundo lugar, a menção de que Roustaing "realizaria o trabalho da fé" não quer dizer que tenha realizado. Muitos Espíritos são programados antes de nascerem para levar a efeito tarefas doutrinárias e falham no cumprimento da missão, deixando-se dominar pelo orgulho, pela vaidade, e semeando ruinosas sementes. Pelos frutos se conhece a árvore, ensinou Jesus, e todos sabem que até hoje da árvore do rustenismo só colhemos o *pomo da discórdia*.

Em terceiro lugar, Humberto de Campos, que teria feito a dúbia e solitária referência a Roustaing (veremos adiante que há dúvidas quanto a isso), viveu no Brasil toda uma longa existência corpórea, como jornalista e escritor, sem jamais ter dado o mínimo apoio à causa espírita. Logo, não tem qualquer autoridade para nos fornecer orientação em torno do controvertido assunto.

Em quarto lugar, e último apenas por enquanto, o critério de avaliação da verdade à luz da nossa filosofia, em matéria de natureza doutrinária é a concordância universal no ensino dos Espíritos, e o curioso anúncio de Humberto de Campos não foi endossado por nenhuma outra mensagem psicográfica confiável, chegada a nós pelas faculdades de médiuns desligados do ambiente da FEB.

Mais Argumentos Contra o Maquiavelismo

Prossigamos na demonstração de que o livro **Brasil, Coração do Mundo, Pátria do Evangelho,** de Humberto de Campos, psicografado por Francisco Cândido Xavier, não é fonte capaz de conferir validade, nem credibilidade, à indigente obra de Roustaing.

No artigo anterior já seqüenciamos argumentos irrefutáveis nesse sentido, sem apelar para nenhum que pudesse diminuir a pessoa ou os dotes psíquicos do querido irmão e valoroso companheiro de Uberaba, a quem tanto deve o movimento espírita brasileiro.

Luciano dos Anjos, com certeza, gostaria que assestássemos nossa artilharia de fogo em outra direção, e provavelmente espera esse descuido tático dos seus opositores, pois sabe que não existem médiuns perfeitos — todos, inclusive os mais dignos moralmente, estão sujeitos a eventuais mistificações (**O Livro dos Médiuns**, Capítulo XX , item 226, respostas às perguntas 9ª e 10ª) . Mas não iremos morder a isca do seu afiado anzol e por isso continuaremos trilhando um caminho crítico que em nada reduz o valor da opulenta produção psicográfica de Francisco Cândido Xavier. Vejamos novos argumentos, suplementares aos quatro precedentes.

Em quinto lugar atente-se para o fato de que Kardec já tinha publicado **O Evangelho Segundo o Espiritismo**, mais do que o suficiente para conferir organicidade à nossa fé, quando Roustaing apareceu com a sua obra.

Em sexto lugar, cumpre-nos ter em mira que foram levantadas suspeitas de uma interpolação no texto original da brochura **Brasil, Coração do Mundo, Pátria do Evangelho**. A FEB, evidentemente, nega isso, com a ajuda de um documento que declara ter sido assinado pelo bondoso médium co-autor do livro, mas o espírito Humberto de Campos, que seja do nosso conhecimento, nunca se pronunciou de forma direta e específica sobre o assunto, após a celeuma causada, a partir de uma denúncia do Dr. Henrique Andrade, fundador do jornal **Mundo Espírita,** de nobre tradição em nosso movimento doutrinário.

Por que o Espírito Humberto de Campos até hoje não ditou uma definitiva mensagem sobre o tormentoso assunto, através de Francisco Cândido Xavier, dirimindo todas as dúvidas? Eis o que não dá para ser entendido!

Qualquer que seja a verdade dos fatos, o recurso de fortalecer o roustainguismo à custa da opinião pessoal de um só Espírito, sobretudo quando ele jamais comungou de nossa crença, mostra de sobejo a fragilidade teórica de tal cisma doutrinário, incapaz de se sustentar por si mesmo.

Quanto a isto não pode existir a menor dúvida na cabeça de um espírita de bom senso.

Haveria muito mais coisa a dizermos sobre esta tragicômica questão de ser ou não ser o Espírito Humberto de Campos favorável à insidiosa "Revelação da Revelação", com a qual Roustaing pretendeu se colocar acima de Kardec. Mas fica para depois porque antes precisamos tratar de temas mais distintos e menos tediosos.

Opinião de Carlos Imbassahy

Esticando um pouco mais o fio enrolado no carretel do *binômio Kardec e Roustaing,* com o qual por sua vez nos quer enrolar, Luciano dos Anjos, no Capítulo II do livro **O Atalho**, ao pé da página 56, diz:

"Quando publiquei no *Reformador* o artigo 'Carlos Imbassahy e Roustaing', seu filho veio a público com uma série de tolices e a alegação de que eu não privava da intimidade da casa de seu pai. Permita-me o leitor a oportunidade: eu nunca disse que privava da *intimidade* da casa de Carlos Imbassahy, mas apenas da sua *amizade*, por ele mesmo proclamada. O que é bem diferente... Quanto ao artigo, jamais foi honestamente contestado. Abordando esse *affaire*, amigos meus editaram um opúsculo de minha autoria, intitulado *Os Mais Novos Argumentos Contra Roustaing*, de 1990, que o leitor poderá ler para conhecer outros detalhes."

Muito bem.

A exemplo do que fizemos no último escrito, dispensemos especial atenção a este tópico aspeado, porque agora já não é um médium e sim um escritor famoso, igualmente respeitável na literatura espírita deste país, que a maquinação de Luciano dos Anjos tenta comprometer com o cisma de J. B. Roustaing.

No opúsculo intitulado **Os Mais Novos Argumentos Contra Roustaing,** depois de classificar Herculano Pires como deturpador da verdade e pregador marxista, Luciano dos Anjos escreve:

"Fui exatamente eu quem publicou longo artigo, no 'Reformador' de maio de 1972, págs. 105, intitulado 'Carlos Imbassahy e Roustaing', com vistas a provar (note bem: **provar**) que o grande lidador espírita e meu amigo particular sempre fora a favor de 'Os Quatro Evangelhos'."

Outra vez... muito bem. Analisemos os fatos.

Carlos de Brito Imbassahy, filho único do inesquecível e inimitável *Ernesto Bozzano brasileiro,* contestou, sim, honestamente, a declaração feita por Luciano de que seu pai era rustenista.

E se tal contestação não basta existe a nossa (também desfrutamos da amizade dele e fomos o seu último parceiro em livro), tornada pública muitos anos antes da publicação do livro **O Atalho**, em 1995, que Luciano não pode alegar desconhecer porque sobre ela fez para nós um comentário, antagônico porém amistoso, como, aliás, foram todos os raros contatos que tivemos, por via oral e epistolar.

No jornal *Correio Fraterno do ABC,* edição de fevereiro de 1982, foi reproduzido o inteiro teor de uma carta que o saudoso mestre Carlos Imbassahy nos enviou em 17-08-1958, onde se lê o seguinte trecho de advertência, pois ainda jovem e ingênuo, fiado na FEB, havíamos citado Roustaing no livreto *Gotas de Espiritismo:*

"Vejo que V. no seu livro coloca Roustaing ao lado de Denis, Flammarion, Bozzano... Ora, a distância é imensa.

Creio que os Espíritos que ditaram a mensagem ao Roustaing eram bem intencionados, mas estão cheios de absurdos.

"V. já leu a obra?

"Há ali ensinos inteiramente contrários aos de Kardec. Veja, por ex. , no fim do 4º volume, os Espíritos que ajudaram a matar os inimigos dos judeus eram os 'prepostos do Senhor'.

"Jesus, como era fluídico, fingia que comia; levava a comida à boca e ela se evaporava; e ele continuava nessa palhaçada até o prato esvaziar. Jesus fingindo! Aliás, também fingiu que mamou, sofreu, morreu...

"Neste Universo imenso, com mundos infinitamente superiores ao nosso, o Cristo, governador deste ínfimo planeta, era, no Universo, a 2ª pessoa, depois de Deus.

"Estou-lhe abrindo os olhos. Não aceite pelo que eu lhe disser, mas pelo que disser a sua razão."

Em nosso livro **Carlos Imbassahy — *O Homem e a Obra***, editado pela Federação Espírita do Estado de São Paulo em 1994, figura o *fac-símile* da referida carta.

Ao contrário de Luciano dos Anjos, que propala possuir uma carta favorável a Roustaing de Carlos Imbassahy mas nunca prometeu mostrar a quem desejasse vê-la de perto, nós, além de publicarmos a fotografia da nossa, contrária ao mistificador de Bordéux, no livro citado, fornecemos aqui o endereço em que residimos, onde o precioso documento encontra-se à disposição de quem quiser examiná-lo! (Av. Almirante Tamandaré, 1042 bloco C aptº 04 - Comércio - CEP 66023-000 - Belém, Pará - Fone 091-2505310).

Água Mole em Pedra Dura...

No fecho do Capítulo II do livro **O Atalho** Luciano dos Anjos se ocupa em deixar evidente, com apropriadas citações da obra de Allan Kardec, que:

a) O Espiritismo possui um caráter não só científico e filosófico, mas também religioso.

Está certo quanto a este detalhe.

b) Apesar disso não deve o Espiritismo derivar para "a formalização religiosa do sacerdócio, do ritual, da hierarquização" (página 60).

Continua igualmente certo quanto a este relevante detalhe.

Até aqui parabéns para o perspicaz Luciano dos Anjos. Mas... como ele arremata o seu raciocínio? Qual o seu velado objetivo? Eis as palavras que dão começo à última página (63) do Capítulo II de **O Atalho**:

"Não importa o que possam dizer da Federação Espírita Brasileira. Ela manterá sua posição inflexível na defesa dos postulados espíritas. Para isso foi projetada no Alto e sediada na Terra."

Analisemos os termos desta solene declaração, reveladora da finalidade maior do livro, apelando para a *serenitude* (neologismo expressando a mistura da serenidade com a quietude, única alternativa que temos para manter o bom humor em face de tamanha arrogância).

Antes de qualquer juízo de valor, um dado curioso e uma observação oportuna: Luciano dos Anjos fala como se fosse ele, e não Juvanir Borges de Souza, o presidente da FEB; esta tem sido muito zelosa na defesa dos princípios roustainguistas, e não dos *"postulados espíritas"*, que se acham contidos na Codificação de Kardec.

Não importa o que possam dizer da Federação Espírita Brasileira, blasona Luciano, com pose de escudeiro para proteger Juvanir B. de Souza.

Importa, sim, porque já adverte a sabedoria do povo: **água mole em pedra dura, tanto bate até que fura.**

Importa, sim, porque o dia em que todos os presidentes de Entidades Federativas Estaduais tiverem a coragem de **dizer** aquilo que pensam dentro do Conselho Federativo Nacional da FEB, ela não terá como sustentar **sua posição inflexível** em prol do cisma antidoutrinário de J. B. Roustaing.

Importa, sim, porque se os espíritas da velha guarda fiéis à mensagem kardequiana decidirem **dizer** publicamente tudo o que sabem sobre fatos caridosamente silenciados, ocorridos nos bastidores da FEB, o pedestal ismaelino estremecerá nas bases. Luciano não ignora isso e mesmo sendo rustenista já empregou o recurso pelo menos uma vez, no que, aliás, demonstrou elogiável dignidade.

Importa, sim, porque quando a maioria dos órgãos da imprensa espírita independente abrigar textos de colaboração sem censurá-los, a FEB, embrulhada em maus lençóis, terá de pular fora do berço esplêndido do docetismo...

E tem mais: esta estória de *Casa-Máter* (ah! que saudades do latim...), *projetada no Alto e sediada na Terra*, sob o controle de um *Anjo* (que saudades das pinturas do céu existentes nos vitrais das igrejas...), a cada ano transcorrido impressiona menos os espíritas verdadeiramente inclinados a caminhar com Jesus. Os companheiros das novas gerações encontram-se bastante esclarecidos para não aceitar teses que entram em choque com a racionalidade da filosofia kardequiana. Se o pensamento místico de Roustaing não vingou no passado remoto, no futuro próximo é que ele não prosperará.

A evolução, como a encarnação e a reencarnação, é LEI da vida. Dela ninguém escapa, e até o Luciano, com toda a sua ciclópica cultura livresca, com todo o seu invejável talento no manejo da arte literária, cedo ou tarde cairá em nossos fraternos braços ideológicos.

Venha logo que será acolhido carinhosamente, embalado em doce afeto, mesmo se quiser, por força de velhos condicionamentos, comportar-se como um bebê zangado — só não podemos enganá-lo com uma chupeta fluídica...

Joio Contaminando o Trigo

O Livro **O Atalho**, de Luciano dos Anjos, lembra uma dessas laranjas grandes e bonitas porém de má qualidade, porque nasceram de uma árvore cultivada com agrotóxico: quando a gente olha para elas julga que faz um bom negócio comprando-as mas, ao cortá-las no meio, espremendo os dois pedaços verificamos que, em lugar do muito suco nutritivo esperado, pulam demasiados caroços inúteis.

Isto não quer dizer que o volume em tela, caído tardiamente dos galhos secos de uma árvore florescida graças à inveja de Roustaing pela obra de Kardec, não contenha o caldo de algumas idéias interessantes, umedecendo o bagaço de lucubrações supérfluas.

Contém.

Deparamos nele com várias críticas ao movimento espiritista brasileiro que são procedentes, razoáveis e justas. Todavia, mesmo este substrato aparentemente aproveitável equipara-se aos caroços inúteis pela acidez do radicalismo.

Luciano não pensa com equilíbrio, segurando os ímpetos de sua paixão mística. E assim, até quando identifica os erros ocorrentes nas práticas espíritas da atualidade, peca por não saber dosar as reprimendas, levando em conta os fatores circunstanciais e as contingências humanas.

É uma pena.

As farpas que Luciano dos Anjos lança sobre as feridas do movimento espírita brasileiro poderiam servir para cicatrizá-las se não fossem tão ásperas e embebidas no iodo de intuitos sibilinamente passionais. Deseja o leitor uma prova do parcialismo de Luciano dos Anjos? Ei-la:

Ele tritura *"livros de cunho meramente comercial"*, mas esquece livros exaustivamente carregados de obviedades que a FEB tem publicado nos derradeiros anos, só porque isso interessa ao seu atual presidente, de cuja pena brotaram.

Esfarinha *"Ritualismos, sacerdotalismo, símbolos, etc."*, mas esquece que fazer as pessoas levantarem para orar de pé, como se procede dentro da FEB em reuniões públicas, é um formalismo incompatível com o vero ensinamento doutrinário.

Verbera a *"Congressomania"*, mas esquece que, pelo visto, a FEB deixou-se contaminar por essa aprazível doença.

Condena as *"Divisões classistas e profissionais"*, mas esquece que dirigentes da FEB fizeram uma tramóia para ter a ABRAJEE apresentada em seu Conselho Federativo Nacional, dando origem a uma reação causadora do fim dessa Associação de Jornalistas e Escritores Espíritas.

Combate a *"Unificação desvirtuada"*, mas esquece que o pior desvirtuamento da unificação doutrinária é o patrocinado pela FEB com a adoção do cisma roustainguista.

Pulveriza a *"Idolatria"*, mas esquece que a mais ruinosa, para o movimento espírita, é a dos mariólatras ou mariolátricos febeanos.

Censura o *"Fanatismo pelos guias"*, mas esquece a submissão da FEB a um suposto Anjo, chamado Ismael.

Enfim, fiquemos por aqui.

A Unidade do Movimento Espírita

No item *"Liberdade de consciência"*, inserido à página 296 do livro **O Atalho**, Luciano dos Anjos flutua e ao mesmo tempo mergulha em seus pendores poéticos para dissertar sobre o sagrado direito de cada um pensar como lhe aprouver.

Diz ele que esta é a *"questão fundamental"*, ou o *"nó górdio do problema doutrinário"*, ora em debate.

E profliga as *"nefastas resoluções das entidades em geral* (antes, à página 151, elogia Divaldo Franco por preferir errar com a FEB...) *ou dos conselhos, dos congressos, simpósios, seminários e quejandos"*.

Tudo bem, cada um de nós desfruta do livre-arbítrio para isso mesmo.

Acontece que Luciano dos Anjos confunde o direito natural dos seres humanos com o direito social das instituições por eles constituídas.

Ora, a Federação Espírita Brasileira foi fundada por espíritas e por espíritas sempre foi mantida, para servir à causa do Espiritismo — logo, não possui o direito de trair a sua origem e a sua destinação, naquilo que pensa, que diz e que faz. Ninguém está desejando exumar posicionamentos do pretérito; desculpa-se que a FEB tenha cometido equívocos como todas as instituições humanas cometem (só Luciano e seus admiradores incondicionais a consideram infalível); admite-se até que tenha sido sábia em incorrer num desvio doutrinário, para consolidar a sua existência em épocas difíceis, quando não podia prescindir da colaboração de indivíduos no fundo católicos; apenas se coloca no presente o seguinte: ou ela passa a atuar de acordo com os legítimos postulados espíritas, ou perde a razão de ser.

Abstraindo-se a importantíssima questão metodológica, que confere ao Espiritismo kardequiano racionalidade e ao "Espiritismo" roustainguista conteúdo místico, é fora de dúvida que os autênticos princípios religiosos da nossa doutrina encontram-se na obra do mestre de Lyon e não na do advogado de Bordeaux. Todos sabemos que a primeira é lúcida, a segunda ilógica. Todos sabemos que existem pontos inconciliáveis entre uma e outra doutrina não só atinentes à contextura fluídica ou carnal do corpo de Jesus, mas sobretudo relativos a temas de magna relevância, como a encarnação e reencarnação. Todos sabemos que para ser cristã a nossa crença não necessita de *Os Quatro Evangelhos* de Roustaing porque dispõe de *O Evangelho Segundo o Espiritismo* de Kardec. Todos sabemos que quando Juvanir Borges de Souza, atual presidente da FEB, defende o cisma de Roustaing sob a alegação de ter Kardec tratado somente dos ensinos morais do Cristo está sofismando, pois o Codificador escreveu um livro inteiro, *A Gênese*, com o objetivo de explicar os *milagres* e as *predições* de Jesus (se o leitor duvida que Juvanir tenha sido capaz de tamanho disparate leia a revista *Reformador*, de fevereiro de 1996).

Sabendo disso tudo, nós é que temos o direito de exigir da FEB um mínimo de coerência para se intitular, como se intitula, *Casa-Máter do Espiritismo*, pois a palavra *Espiritismo* foi criada por Allan Kardec para designar a doutrina constante em seus livros e não nos livros de um sujeito tão vaidoso, e perturbado, que pretendeu ser depositário de *uma nova revelação antes de a revelação do mestre lionês ser completada.*

A paciência dos espíritas brasileiros de bom senso começa a se esgotar.

A unificação do nosso movimento, obtida com o Pacto Áureo, já apresenta visíveis sinais de enfraquecimento e até fraturas expostas: no Estado onde nascemos e vivemos surgiu em 1995 uma segunda Entidade Federativa de Centros Espíritas, a esta altura ostentando personalidade jurídica, que não está nem aí para a FEB (em nada contribuímos, direta ou indiretamente, para esse fato). Em outros Estados alguns grupos e sociedades estão se filiando à CEPA, que entrou no país sem pedir licença à FEB, também exercendo um direito seu.

Se a poderosa Federação Espírita do Estado de São Paulo, injustamente marginalizada na estrutura oficiosa do movimento espírita brasileiro, sem assento no seu Conselho Federativo Nacional, quiser fazer sombra à FEB, basta convocar uma reunião de Assembléia Geral e se transformar em Confederação. Como ela nunca aceitou a obra de Roustaing, não faltará quem resolva prestigiá-la no papel confederativo, e assim poderão aparecer novas Federações Espíritas Estaduais para se integrar à FEESP convertida em Confederação, rachando no meio o movimento espírita brasileiro oficialmente organizado: de um lado os kardecistas assumidos, do outro os roustainguistas que terão também de assumir sua real identidade doutrinária, pois não passam de católicos disfarçados em espíritas, consoante já demonstramos em escritos anteriores.

E se a FEESP, por qualquer motivo, não quiser chegar a tanto, de algum núcleo genuinamente espírita menos expressivo desabrochará tal Confederação, que já vem sendo sonhada e reclamada por numerosos companheiros esclarecidos.

Este é o panorama de nossa atualidade ideológica, que Juvanir Borges de Souza por capricho teima em não vislumbrar, e ainda agora entra em cena Luciano dos Anjos, com o livro **O Atalho** para, à página 299, exibindo a armadura enferrujada da tradição, soltar este grito de guerra:

"Assim tem sido, porque a FEB tem a responsabilidade do rebanho e não desiste nunca! Não adianta quererem, em nome da conciliação, que ela ceda, acomode e mude o rumo."

Eis aí como Luciano dos Anjos, tão zeloso da sua liberdade de consciência, situa a nossa: devemos, como animais, fazer parte de um rebanho. Se pelo menos a vara curta que está nos tangendo não vergasse tanto, conduzindo-nos a um despenhadeiro doutrinal, ainda dava para prosseguirmos como carneiros...

Resta sabermos se a FEB de Roustaing não vai mesmo mudar de rumo, conforme alardeia Luciano. Se não mudar, pior para ela, que acabará perdendo a liderança do nosso movimento. Kardec triunfará, de um modo ou de outro, com ou sem a conciliação desprezada pelo autor de **O Atalho**, porque a marcha histórica do Espiritismo quem dirige é Jesus e não o falacioso anjo Ismael.

Postura Obscurantista

Continuemos a apreciação do livro **O Atalho**, de Luciano dos Anjos. Até agora não ultrapassamos, a rigor, o Capítulo II , e se efetuamos no escrito precedente um vôo rasante na sua parte final foi porque isso se tornou mais do que necessário, imperioso. O volume em análise é como sopa quente: para digeri-la sem queimar a língua precisamos retirá-la aos poucos pela beira do prato, só aplicando a colher no centro cautelosamente, quando for indispensável.

Avancemos então, livre de pressa mas com a mesma fome de verdade, para o Capítulo III. Nele temos a *crise do mundo contemporâneo* e saboreamos outros croquetes históricos, nos quais o tempero predominante é a Santa Madre Igreja e seus ilustres Papas: Gregório XVI, Pio IX, Leão XIII, Pio X, Bento XV, Pio XI e demais pios pontífices que piaram alto em nome de Cristo no pomposo Vaticano.

Depois de enumerar, à página 72, as pias realizações do último dos Pios pinçados, o XI, Luciano dos Anjos esbraveja:

"Estarei exagerando, acaso, se disser que todo esse programa faz lembrar (com tristeza) as deploráveis atividades que se registram em alguns setores do atual movimento

espírita? Esta corrida de orientadores, de evangelizadores, de professores espíritas não ressuma, por ventura, a nefasta corrida das missões? Essa gritaria toda, histérica e improdutiva, para que o espiritismo ganhe maior projeção, não traz o mesmo ranço da 'Propaganda'? Essa euforia pela criação de cursos espíritas não recorda as cadeiras nas universidades, sorbonicamente inventadas por Pio XI? Esses congressos espíritas de 'jornalistas' , de médicos, etc., não tem o mesmo odor fétido daqueles que Pio XI fomentou?"

Pelo teor agressivo das interrogações transparece o grau de antipatia, e animosidade, que o autor de **O Atalho** nutre por quem se desgarra do *rebanho* submetido ao cajado docetista do anjo Ismael.

Em tom bem mais ameno formulamos nós estas definitivas indagações, para não continuar perdendo tempo com o Capítulo III do mencionado livro:

Não é sumamente estranho ele se voltar, de modo tão grosseiro, contra *orientadores, evangelizadores, professores, jornalistas e médicos* interessados em que *"o espiritismo ganhe maior projeção"*? (Luciano escreve sempre a palavra *Espiritismo* com a letra inicial minúscula, já anotamos isto, talvez porque Kardec usava letra maiúscula — Freud explica...)

O que, afinal, ele reivindica?

Que, a pretexto de não fazer propaganda, deixemos de ensinar e divulgar nossa filosofia através de empreendimentos viáveis, produtivos e éticos, que tenham ampla repercussão pública?

Mas, por que os espíritas em geral, de todas as profissões, não devem colocar a serviço do ideal as suas potencialidades técnicas em cursos, congressos e outras iniciativas do gênero?

Que mal há nisso?

E como espalharemos as luzes de nossa crença para grande quantidade de pessoas se nos confinarmos em uma postura sectária?

O ensino evangélico nos manda pôr a candeia debaixo do alqueire?

Sejamos realistas: o que Luciano dos Anjos espera, inconfessadamente, é que, em matéria de doutrina, não façamos nada sem a bênção da FEB.

Doce ilusão!...

Que cada um cumpra o seu dever

Entremos no capítulo III do livro **O Atalho**, de Luciano dos Anjos. De início, as empadas meramente históricas com as quais o autor busca mitigar nossa fome de esclarecimento doutrinário versam sobre o Protestantismo, a outra face da moeda circulante do Catolicismo.

Já vimos, antes, que Luciano tem superlativo apreço por Martinho Lutero, chegando a considerá-lo como a reencarnação do valoroso apóstolo do Cristianismo nascente, Paulo de Tarso. Apesar disso nos informa, à página 104, que "*Lutero e Melanchton chegaram a admitir a pena de morte contra católicos*" e vai em frente até retomar, na página 107, sua obsessiva preocupação com os Papas da Igreja Romana, quando fornece mais este dado:

"Informo, a título de curiosidade, que, segundo a revelação dos médiuns Yvonne A. Pereira e Abelardo Idalgo Magalhães, Sixto V veio a reencarnar como o presidente da FEB, Armando de Oliveira Assis."

Eis aqui uma curiosidade em nada surpreendente.

Um Papa da Igreja Romana em novo corpo físico,

encastelado na presidência da Federação Espírita Brasileira, justamente na época em que Luciano dos Anjos, lá dentro, detinha poderes de Cardeal, é algo lógico.

E é isto o que também nos preocupa: ver tais personagens de triste memória investidos na função de *"dirigente máximo, aqui na Terra"*, do Espiritismo. Eles adulteraram os ensinamentos originais de Jesus e cometeram os maiores crimes contra a Humanidade, obstruindo o progresso das ciências, amordaçando as vozes libertárias do pensamento e mandando queimar em praças públicas milhões de inocentes. Dominados pelo mais estúpido fanatismo suscitaram, com suas loucuras abomináveis do ponto de vista verdadeiramente religioso, o ateísmo filosófico que empurra a cultura moderna por veredas melancólicas e deploráveis, em direção ao desamor. Como poderiam agora, em um passe de mágica, fugir dos velhos condicionamentos mentais e ter condição de nos orientar corretamente, à luz de uma doutrina diametralmente oposta aos dogmas que inventaram e cultivaram com extremada paixão?

Ignoramos se Juvanir Borges de Souza, o atual presidente da FEB, igualmente empunhou o bastão papalino.Mas como ele nos disse certa vez que a FEB, sob o seu comando, nunca se afastará da *tradição,* julgamos ter chegado a hora de favorecer o movimento espírita nacional abandonando o cargo.

Não acalentamos esperança de contribuir para isso, pois somos um escritor demasiado insignificante para influenciá-lo e, menos ainda, influir no ânimo do Conselho Superior da FEB, constituído, em boa parte, por amigos e parentes dos membros da Diretoria. E não ignoramos que, quanto mais se tenta abrir os olhos dos guardiães do "santuário de Ismael", mais eles reagem docetistamente. Todavia temos a certeza de que, se outros companheiros de crença, sobretudo os detentores de liderança no seio das Entidades Federativas Estaduais, até então *quedos e mudos* em relação ao grave problema, entrarem nessa luta de respeito à obra insuperada de Kardec, os dias de todos os rustenistas febeanos estarão contados. Pelos dedos de uma só mão.

Bezerra de Menezes Ontem e Hoje

Ainda no Capítulo IV do livro **O Atalho**, Luciano dos Anjos, depois de envolver seu banquete cultural em eruditos informes sobre a Igreja Católica Romana e a Reforma Protestante, oferta-nos como sobremesa o pudim da formação sócio-política do Brasil, e logo a seguir nos serve o cafezinho quente, quase fervendo, do drama vivido pela Federação Espírita Brasileira para ser o que é.

Relata com minúcias a complicada história da FEB, cheia de entrechoques travados por grupos dissidentes, "científicos" e "místicos", uns e outros exagerados em suas posições, até o aparecimento de Bezerra de Menezes para salvar o barco sacudido em ondas tormentosas, ancorando-o no porto pétreo do roustainguismo. Diz Luciano à página 137:

"Afinal, aquela era a missão de Bezerra, indicada antes mesmo de reencarnar... Assim, na Assembléia Geral Extraordinária de 3 de agosto de 1895, ele é eleito presidente da Federação Espírita Brasileira e logo empossado por Augusto Elias da Silva. Foram-lhe concedidos poderes discricionários, ilimitados, em função do que, a primeira medida que tomou foi fortalecer o programa da FEB, dando-lhe o do Grupo Espírita Fraternidade. Dispensável acentuar que lhe imprimiu orientação essencialmente evangélica, em particular com a oficialização estatutária do estudo da obra Os Quatro Evangelhos, de J. B. Roustaing, não obstante desde a fundação fosse ela ali estudada. A orientação evangélica ele a imprimiu 'consoante as mensagens mediúnicas que assim recomendavam', ditadas por Kardec, Ismael e Urias."

Neste registro do autor de **O Atalho** a primeira coisa que chama atenção é o fato de ter sido implantada na FEB *a oficialização estatutária do estudo da obra Os Quatro Evangelhos, de J. B. Roustaing*, por um presidente com *poderes discricionários. Tal* medida, portanto, não resultou de uma decisão consensual, democrática, dos diversos membros da Diretoria: foi uma deliberação pessoal, decorrente de *mensagens mediúnicas que assim recomendavam* (não apenas *sugeriam* ou *aconselhavam*, como costumam proceder os guias confiáveis, atenciosos no respeito ao livre-arbítrio que a nossa doutrina tanto valoriza: *recomendavam,* isto é, praticamente exigiam), *supostamente ditadas por Kardec, Ismael e Urias.*

Deixando-se de lado a suspeita razoável de que as mensagens vieram de Espíritos mistificadores, pois Kardec não iria se desmoralizar repudiando os seus ensinamentos frontalmente contrários aos de Roustaing, sobra este questionamento:

— Se Bezerra de Menezes estava certo no século passado, em 1895, continua certo neste, em 1975, quando, conforme sabemos por intermédio do *Reformador* (revista da FEB) de outubro de 1995, valendo-se da psicografia de Divaldo Franco ele se penitencia da atitude pretérita escrevendo isto que já transcrevemos em outras linhas:

"Unamo-nos, amemo-nos, realmente, e dirimamos as nossas dúvidas, retificando as nossas opiniões, as nossas dificuldades e os nossos pontos de vista, diante da mensagem clara e sublime da Doutrina com que Allan Kardec enriquece a nova era, compreendendo que lhe somos simples discípulos. Como discípulos não podemos ultrapassar o mestre."

Eis aí o Bezerra de hoje, fazendo autocrítica no mundo espiritual, por reconhecer a necessidade de retificar opiniões e pontos de vista (agora o médium é confiável e a FEB é quem publica a sua mensagem!). Resta ao Luciano dos Anjos, ao Juvanir Borges de Souza e colegas de Diretoria, livrarem-se do anjo Ismael, com o Urias a tiracolo, e compreenderem com um mínimo de humildade o que Roustaing não entendeu com o máximo de vaidade: *Kardec é o mestre e não podemos ultrapassá-lo*!!!

Francisco Cândido Xavier Atualmente

Ainda no Capítulo IV do livro **O Atalho** Luciano dos Anjos leva à frente o único recurso possível para validar o roustainguismo, já que lhe faltam os argumentos doutrinários: vincular à FEB, e conseqüentemente à sua posição teórica, gente de prestígio em nosso movimento ideológico.

Depois de ser usado o nome de Bezerra de Menezes, é o de Francisco Cândido Xavier que será explorado à página 144. Vejamos como Luciano faz referências aos percalços do insigne médium de Pedro Leopoldo e Uberaba nos primórdios da sua carreira e acrescenta:

"Mas, mesmo assim, o pobre Chico penou. E continua penando. Até hoje ainda é vítima da ira dos inimigos do espiritismo e... da FEB; só porque, conforme já disseram, ele tem por ela "um amor de muitos anos"... "

Perceba o leitor a técnica espertíssima do autor de **O Atalho**: querendo associar o nome de Chico ao da FEB, porque isso fortalece por via indireta o roustainguismo, e não desconhecendo que há tempos o Chico, em evangélico silêncio, rompeu com a FEB, deixando de encaminhar para ela seus novos livros, emprega o manhoso expediente de anunciar *"um amor de muitos anos"* do conceituado médium pela Casa de Ismael na base do *"conforme já disseram"*...

Se o *já disseram* está valendo, nessa guerra em que gostaríamos de não explodir bombas do arsenal particular, vamos nós também *dizer* alguma coisa:

Quando a FEB realizou, em outubro de 1989, o primeiro **Congresso Internacional de Espiritismo**, publicou na revista *Reformador*, com grande antecedência, uma carta do seu presidente, na época Francisco Thiesen, dirigida ao Chico, convidando-o para o evento, no qual era esperado inclusive por representantes de países estrangeiros.

Ao ver tal missiva tornada pública, em procedimento um tanto aético, pois correspondência dessa natureza não deve ser divulgada na imprensa, sob pena de se transformar em elemento de pressão, conhecendo a malícia dos mandatários febeanos de imediato concluímos que o famoso médium não compareceria ao Congresso e, por se encontrar ciente disso, o Thiesen estampara o convite no *Reformador*; assim, ninguém poderia culpá-lo pela ausência do Chico e o próprio é que teria de se explicar perante a comunidade espírita.

Fomos à Brasília assistir ao conclave. Na abertura o presidente da FEB leu um telegrama do médium ansiosamente aguardado, justificando o não comparecimento de uma forma hábil e caridosa, como é do seu feitio.

Encerrado o festivo encontro pegamos um ônibus rumo à Uberaba, onde pela lógica o Chico estaria, doente, acamado: lá soubemos que ele havia viajado para São Paulo, a fim de participar de uma promoção beneficente.

Não teremos, é óbvio, como nos defender com provas documentais e testemunhais se nos chamarem de mentiroso por relatar este fato verídico. Mas como acreditamos em Deus e nas suas mãos depositamos a nossa sorte ao entrar nessa luta contra o maquiavelismo dos partidários de Roustaing, datilografamos as presentes linhas com absoluta tranqüilidade. Até porque, acreditamos, os companheiros de ideal que nos últimos quase cinqüenta anos conviveram conosco dentro do movimento espírita brasileiro darão crédito a este depoimento, e até pedirão para revelarmos coisas mais significativas.

Fique, entretanto, também tranqüilo Luciano dos Anjos, e seus admiradores que ainda manipulam a FEB, pois saberemos dosar o remédio anti-rustenista, não o convertendo em veneno letal para a reputação de ninguém. Só queremos que haja um pouco mais de respeito à obra de Allan Kardec. E perdoamos sinceramente, de coração, todo o mal que os docetistas já nos fizeram.

O Dilema dos Docetistas

Nas folhas restantes do Capítulo IV do livro **O Atalho** Luciano dos Anjos, afinal, põe na geladeira as iguarias históricas da Igreja Romana e se limita a um só cardápio: a vida da FEB, que cobre com um guardanapo de linho branco, puríssimo e imaculado.

Nada desejamos contrapor à sua versão glorificadora da referida Entidade, até porque também a amamos, vendo-a como um patrimônio do Espiritismo nacional, apesar dos humanos erros cometidos (temos uma obra por ela publicada, *A Dramaturgia Espírita*, e durante anos escrevemos na revista *Reformador*). O que não podemos mais admitir é que Luciano, na parte conclusiva do Capítulo IV de **O Atalho**, entoe tão vibrantes loas à FEB para situar como *intocável* sua *programática doutrinária* (página 153) roustainguista, divergente da Codificação de Kardec.

É aqui que a coisa *pega* e é aqui que ele *solta* o mais arrasador foguete contra os dois ou três vice-presidentes da centenária instituição discordantes da teoria do corpo fluídico de Jesus, e outras tolices de maior monta a ela agregadas.

É aqui (página seguinte à citada, 154) que Luciano dos Anjos chama tais diretores febeanos de *tartufos*, ofendendo-os moralmente, como salientamos páginas atrás.

Mas deixemos isso de lado, porque se formos catar todos os farelos espalhados na alvíssima toalha do banquete docetista de Luciano acabaremos enfastiando o leitor, que aliás talvez já esteja cheio dessa salgada e indigesta polêmica.

Começamos a nos perguntar se não é hora de ir passando por cima de muitos dislates do volume em foco, para podermos chegar ao seu fim com mais uns poucos escritos; ele está impregnado de catolicismo e os católicos dizem que não se deve gastar numerosas velas com defunto ruim.

No Capítulo V, por exemplo (vamos entrar logo nele para encurtar caminho), o autor de **O Atalho**, tratando de *ritualismos, sacerdotalismos, símbolos, etc.*, depois de tecer críticas judiciosas sobre alguns desvirtuamentos doutrinários, escreve à página 163:

"E nesse mesmo sentido se há de entender a cruz de Jesus, tolerada apenas no interior do lar, a título de registro histórico, como qualquer outro quadro ou fotografia."

Nunca encontramos, em livro espírita que se preze, o menor incentivo para termos em casa uma cruz, seja a título disto ou daquilo.

E tem mais: justificar por via oblíqua o apego à *cruz*, que é um *símbolo* e não um *registro histórico*, que é algo bastante diferente de *quadro ou fotografia*, significa abusar das inteligências esclarecidas pelas luzes kardequianas.

O mal dos discípulos de Roustaing, seguramente, é que lhes falta preparo íntimo para serem espíritas, e lhes sobra vergonha para serem o que são, católicos.

Imprensados entre a cruz mística do Lar Católico, e a espada racional do Centro Espírita, são incapazes de se definirem ideologicamente, e ficam então rodopiando como besouros tontos em redor de nossos passos.

Até quando teremos de carregar tão pesada *cruz*?...

Fixação Mental

O Capítulo V do livro **O Atalho** contém o miolo do pão com o qual Luciano dos Anjos espera saciar nosso apetite doutrinário (o resto, conforme vimos, é pura casca de catolicismo). Nele o autor lavra sentenças condenatórias de muitos defeitos inegáveis do movimento espírita brasileiro; mas não faz isso para divulgar o pensamento kardequiano e sim para transmitir as idéias roustainguistas.

Como após tal Capítulo só existe um outro abrigando *Posfácio, Bibliografia* e *Índice Onomástico*, patinaremos sem escorregar na sua tabatinga um pouco mais e assim poderemos encerrar esta nossa tarefa desconfortável, porém útil e necessária. Graças a DEUS ela está se aproximando do termo.

Em seqüência ao malabarismo verbal com que endossou veneração à cruz, Luciano prossegue esbanjando habilidade sofística na mesma página 163, onde nos presenteia com este cândido apontamento:

"É possível que, a essa altura, não falte quem esteja lembrando de que, na Federação Espírita Brasileira, se faz

prece de pé. Ora, cada um rezará como quiser. Os dirigentes da FEB preferem ficar de pé, mas não obrigam ninguém a isso."

Quanta ingenuidade!...

É claro que os dirigentes da FEB, levantando-se para fazer preces, estão submetendo suas orações a um formalismo conflitante com o espírito da doutrina.

É claro que com tal conduta influenciam as pessoas presentes, levando-as a imitá-los e reproduzir a prática nos diversos Centros Espíritas.

É claro que eles *"não obrigam ninguém a isso"* simplesmente porque não teriam como *obrigar* nem necessitariam chegar a tamanho despautério. Os padres nas igrejas também não exigem que as pessoas se ajoelhem e no entanto elas dobram as pernas e se curvam para o solo quando eles assumem a referida postura.

O procedimento dos dirigentes febeanos, portanto, reproduz de maneira atenuada o ritual dos sacerdotes católicos.

Mais coerentes são os líderes maometanos, que vergam como arco a espinha, encostando a cabeça ao chão. Se o sentimento de fé e humildade da criatura perante o Criador precisa ser exteriorizado (a Doutrina Espírita acha que não precisa, que deve ser expresso em atos de amor ao próximo), então que o seja de modo honesto e corajoso, e não simulado e tímido.

Luciano dos Anjos vai em frente, disparando chumbo grosso nos Congressos, em seu ponto de vista muito bons *"para se fazer turismo e exibir cultura discutível"* (página 165), nas Associações de Profissionais Espíritas que, se *"co-*

meçarem a multiplicar-se adoidadamente, como não é impossível ocorrer, daqui a pouco teremos no CFN maior número delas do que de federações estaduais " (p.171), disparando chumbo fino em outras coisas mais, até que, transitando pelo problema da escolarização do ensino espírita, escreve à página 198:

"Mas, como em espiritismo todos são livres, caberia, *ab initio,* uma indagação: criada, por exemplo, a Universidade Espírita (sonho de quem não conhece a história da escolástica), quem elaboraria o currículo: os defensores ou os adversários de J. B. Roustaing?"

É impressionante como Luciano dos Anjos liga tudo aos interesses teóricos de Roustaing. Em nada esquece a obra de Roustaing. Sua fixação mental em Roustaing não o abandona um só momento. É algo constante, absorvente, dominador, imperativo. E depois somos nós os obsidiados...

A Cegueira do Radicalismo

Na mesa farta do banquete rustenista que Luciano dos Anjos oferece em seu livro **O Atalho**, certamente subestimando nosso paladar doutrinal, podem ser vistos alguns ossos duros de roer. Um deles encontra-se na virada da página 203 para a 204. Contemplemo-lo sem água na boca:

"E é no lar que, no meu entender, as crianças hão de receber a orientação cristã-espírita. Eis, neste ponto, um problemão dentro do problema geral. Vou resumir meu pensamento. Sou contrário às chamadas escolinhas de Evangelho. A criança, que durante toda a semana tem de freqüentar o estabelecimento de ensino leigo (por necessidade e conveniências absolutas), ei-la, em seu fim de semana, obrigada a novas aulas, das quais dificilmente se recordará com prazer."

Veja o leitor que tacanho e quase inacreditável radicalismo.

Não ocorre ao conspícuo autor que inúmeros pais das crianças freqüentadoras das referidas aulas não possuem qualidades pedagógicas para ensiná-las, e muitos não tem nem mesmo qualidades doutrinárias.

Não lhe ocorre que em uma escola onde se utilizam

técnicas competentes de ensino, em conjunto com saudáveis recreações, o aprendizado religioso pode se transformar em fonte de prazer para crianças e adolescentes.

Enfim, fiquemos por aqui, pois o que Luciano dos Anjos deseja é ver o nosso movimento confinado num sistema castrador de empreendimentos criativos. Preleciona ele na página 217:

"Assim, à época do presidente Armando de Oliveira Assis, a FEB preconizou o desaparecimento de 'mocidades' ou 'juventudes' formal ou virtualmente departamentalizadas, com atividades estanques. Muito menos se justifica a criação de entidades ou movimentos de universitários, como não são justificados todos os demais de cunho classistas, tais os de médicos, de jornalistas, de professores, ou outros, como expus no item 4 deste capítulo."

Esta opinião de Luciano é tão ridícula que deixaremos de comentá-la em respeito à inteligência dos mais distraídos leitores. Troquemo-la por outra menos afrontosa ao bom senso, localizada na página 235:

"Preocupam-se algumas criaturas em catalogar determinados assuntos à conta de controvertidos, em razão do que não devem ou não deveriam ser abordados. Propõe-se o silêncio sobre eles porque podem 'dividir' os espíritas. Ora, espírita que admite a separação porque algum assunto em exame não tem o consenso geral, positivamente já não é bem espírita. Todos os assuntos podem e devem ser discutidos. Principalmente os controvertidos, se, de fato, o forem, como, por exemplo, os ensinamentos de Roustaing e de Ubaldi."

Aqui temos um desastroso tropeço de Luciano dos Anjos, mestre consumado no manejo de amolada faca de dois gumes: um para cortar a pele dos kardecistas, outro para raspar delicadamente os pêlos da epiderme dos poucos roustainguistas incomodados com a sua verborragia.

O autor de **O Atalho** escorrega e cai nesse trecho porque, em primeiro lugar, reconhece que a obra de Roustaing é controvertida, estando assim em plano doutrinário inferior à de Kardec, aceita pacificamente por *consenso geral*; em segundo lugar, não explica porque a FEB abriu sempre as páginas do *Reformador*, sua tribuna oficial, para seguidas exaltações à obra de Roustaing, e sempre as fechou para quaisquer restrições a ela. Não sabe por acaso que *"todos os assuntos podem e devem ser discutidos"?* Ignora que essa parcialidade é um desrespeito à ética e prejudica os nobres interesses da autêntica filosofia espírita?

Refinada Astúcia

Eis-nos quase no fim da indigesta refeição doutrinária que Luciano dos Anjos nos impôs através do seu mal temperado livro **O Atalho**, em cujo Capítulo V, felizmente o conclusivo, estamos movimentando o talher da crítica lucificada pelos ensinos kardequianos.

Tenha um pouco de paciência o leitor que nos acompanha no referido ágape, pois logo mais, juntos, estaremos palitando os dentes com a satisfação do dever cumprido.

Em aditamento à tese de que *"todos os assuntos podem e devem ser discutidos"*, Luciano escreve à página 236:

"A rigor, essa colocação medrosa (ou preconceituosa) em favor do silêncio diante de assuntos ditos controvertidos é uma disfarçada intenção de se criar, dentro do espiritismo, um novo Índex de proibições, como o da Igreja Católica, que, por sinal, já nem existe mais. Trata-se do velho ranço clerical. Roustaing, por exemplo, é assunto privilegiado nesse Índex. Seus adversários têm horror de que *Os Quatro Evangelhos* sejam lidos e estudados. Atiram pedradas e mais pedradas em cima da FEB, porque há mais de 100 anos a Casa-Máter, sabiamente, imprime, vende e divulga aquela monumental revelação."

Ora viva!

Vamos refletir sobre este argumento astucioso de Luciano dos Anjos com toda calma, sem revolta nem precipitação.

Quem é que se recusa a debater as teorias de Roustaing?

— A FEB.

Quem reclama *silêncio* em torno do assunto, tachando os questionadores de intolerantes e irresponsáveis?

— A FEB.

Quem com *"essa colocação medrosa"*, e escondendo *"ranço clerical"*, controla com um *"Índex"* sua Revista, Livraria e Editora, impedindo que por elas se propaguem idéias de autores intransigentemente kardecistas?

— A FEB.

Nós jamais tivemos *horror de que Os Quatro Evangelhos sejam lidos e estudados.* Muito pelo contrário, lamentamos a falta disso, tanto no que toca aos quatro Evangelhos redigidos pelos apóstolos de Jesus, quanto no que tange aos quatro Evangelhos fabricados por J. B. Roustaing com o auxílio de uma única médium. Se uns e outros fossem devidamente analisados por considerável número de espíritas deste país, há muito a FEB, forçada pelos protestos gerais, teria abandonado sua posição docetista.

O problema é que nenhum cristão de bom senso e de bom gosto aguenta a leitura de *duas mil, cento e vinte e três* páginas de tolas fantasias, assinadas por um sujeito manifestamente vaidoso, porque fez sucesso no mundo jurídico, cujo grande sonho foi superar o mestre a quem primeiro exaltou para depois trair.

Disso se aproveita a FEB para divulgar sua *"monumental revelação"*.

Se fizesse tal coisa de maneira transparente ainda dava

para permanecermos calados, em atitude caridosa, na esperança de que ela acordasse por si mesma do sonho místico, de certo modo justificável até algum tempo atrás, quando a consciência doutrinária do nosso movimento ainda não havia amadurecido.

Acontece que a *Casa-Máter* adorada como infalível por Luciano dos Anjos continua iludindo a boa fé dos espíritas brasileiros da atualidade, encobrindo divergências inconciliáveis entre a doutrina de Roustaing e a de Kardec, classificando como *"questões secundárias"* diversas *contradições fundamentais* que afetam todo o embasamento da nossa filosofia, como já demonstramos de forma irrefutável em páginas anteriores, chamando a atenção para o detalhe de que, destruído o princípio da encarnação e reencarnação como LEI da Vida, situado ele como *castigo* e não necessidade evolutiva, todo edifício teórico da Codificação de Allan Kardec desmorona e vem abaixo (este é o objetivo da obra de Roustaing).

Pietro Ubaldi

No livro **O Atalho**, de Luciano dos Anjos, sobretudo em sua última parte opinativa, o que surpreende, ou melhor, *espanta*, é a desenvoltura do autor em alucinada carreira para levar à frente o estandarte do roustainguismo, pisoteando com o cavalo fogoso da sua paixão a relva verde dos altos interesses do movimento espírita.

Eis um exemplo no plano prático. Sentencia Luciano à página 243:

"Igualmente não endosso o esforço de alguns espíritas para conseguir um programa de televisão, como o têm os protestantes e católicos. Rezo para que jamais o consigamos."

Sem comentários.

Primeiro porque, sendo dos Anjos, do Ismael e de outros, Luciano não faz prece: como os católicos, *reza.*

Segundo porque, se algum dia a sua reza tiver força, o Espiritismo estará de fora não somente da televisão, mas ainda de toda a realidade social. Já sabemos que ele é contra as Escolas de Evangelho de nossos Centros, os Congressos, etc.

Agora vejamos um novo exemplo, no plano teórico. Eis uma frase contida na página 290 do livro **O Atalho**, como pérola rara de uma ostra doutrinariamente refugável:

"A concepção se aproxima bastante das *noúres* (correntes de pensamento) de Pietro Ubaldi, que aceito e estão explicadas com muito bom senso em sua magnífica obra *As Noúres — Técnica e Recepção das Correntes de Pensamento."*

Luciano dos Anjos não está nem aí para a questão da pureza e da integridade da Doutrina Espírita. Se já a desfigurou com as idéias de Roustaing, por que também não contaminá-la com as teorias de Pietro Ubaldi?

A obra de Ubaldi prega o Monismo, versão sofisticada do Panteísmo que os Espíritos condenaram no Capítulo I do primeiro livro de Allan Kardec; não passa de uma versão moderna, "científica", da mistificação de Roustaing, daí porque a FEB publicou o livro **A Grande Síntese.**

O cerne da filosofia de Pietro Ubaldi é a tese católica dos *anjos decaídos.* Vejamos o que o próprio Luciano escreveu sobre ele em outra brochura de sua lavra (**Os Adeptos de Roustaing**, página 185, 1ª edição, feita em 1993 pela Associação Espírita Estudantes da Verdade, de Volta Redonda, RJ) :

"É certo que Pietro Ubaldi não leu a obra 'Os Quatro Evangelhos', de J.B. Roustaing, pois do contrário não teria afirmado, a pág. 397, de 'O Sistema', que desconhecia qualquer outro trabalho, além do seu, que revelasse a concepção da queda do Espírito, em termos de dimensão. Ora, essa concepção é a espinha dorsal da revelação coordenada por Roustaing."

Fiquemos por aqui. É quase hora de desligarmos o gás deixando a panela esfriar, no fogareiro desta polêmica, para não entornar o caldo queimando alguém. Nas próximas linhas daremos sossego a Luciano dos Anjos. Não o enfrentamos com alegria. Infelizmente ele foi longe demais no desapreço à obra de Allan Kardec, e algum espírita deste país, com experiência jornalística equivalente à sua, tinha de pegá-lo pela frente, bem de testa para evitar que escapulisse com o seu excepcional talento sofismático.

A Flor Depois da Espada

Como diria Lutero, o líder protestante a quem Luciano dos Anjos tanto admira, julgando-o a reencarnação do apóstolo Paulo de Tarso:

Aleluia!

Tradução: graças a DEUS, vamos terminar.

Nada mais diremos sobre o livro **O Atalho**, além de passar para o leitor o seu objetivo central. Veja, nas palavras do próprio Luciano dos Anjos, constantes nas páginas 246, 252 e 253:

"O que não é possível é a Federação Espírita Brasileira abdicar do seu papel de *'coração do mundo'*."

"A FEB é reconhecidamente uma instituição extraterrena, não sendo mais que uma projeção da sua verdadeira sede, que está no Alto. Seu programa, portanto, é imutável nas linhas que lhe são básicas."

"E sua diretoria jamais, jamais será eleita por outro órgão que não o seu Conselho Superior, cujos membros comungam integralmente do programa de Ismael, sem nenhuma divergência."

Aí está o recado, dirigido a quem interessar possa.

O *Programa de Ismael*, ninguém ignora, é o cisma de Roustaing, que põe abaixo toda a estrutura filosófica da Codificação de Allan Kardec, minando-a pelo alicerce quando anula o princípio da encarnação e reencarnação como LEI da Vida, consoante já explicamos repetidamente.

Tal programa, garante Luciano em apoio a Juvanir Borges de Souza, atual presidente da FEB, é simplesmente *"imutável"*.

Por sua vez *"a FEB é reconhecidamente uma instituição extraterrena"*, e assim não adianta os espíritas brasileiros pedirem para ela abandonar o velho desvio doutrinário.

Isto **jamais, jamais** (duas vezes) acontecerá, porque a sua Diretoria será sempre eleita por um *Conselho Superior* que ela mesma escolhe, catando a dedo pessoas *"sem nenhuma divergência"* com seus postulados docetistas.

Afinal de contas, "O que não é possível é a Federação Espírita Brasileira abdicar do seu papel de *'coração do mundo'*."

Agora já não é o Brasil, Pátria do Evangelho, o *coração do mundo* — é a FEB sozinha!

Quanto orgulho...

Bem, quando as coisas atingem este ponto de fanatismo não dá mais para se conversar, para se trocar idéias, para, como aconselha o Espírito Bezerra de Menezes (vide revista *Reformador* de outubro de 1995), buscarmos o caminho da paz, do amor fraterno, da concórdia *"retificando as nos-*

sas opiniões, as nossas dificuldades e os nossos pontos de vista, diante da mensagem clara e sublime com que Allan Kardec enriquece a nova era, compreendendo que lhe somos simples discípulos".

Bezerra chega a alertar os dirigentes febeanos de maneira incisiva, acrescentando às suas palavras há pouco transcritas entre aspas, enaltecedoras de Kardec, mais a seguinte frase:

"Como discípulos não podemos ultrapassar o mestre."

Só faltou bradar: não cometam a mesma loucura de Roustaing, querendo ser portadores de uma "Revelação da Revelação", isto é, uma Revelação mais avançada, e conseqüentemente superior à III Revelação recebida pelo codificador do Espiritismo.

Quando as coisas atingem este ponto de estratificação fanática, voltamos a dizer, não dá mais para entendimento e afloram entreveros deploráveis, em prejuízo da causa.

Como já lembramos uma expressão ao gosto de Lutero, em homenagem ao Luciano dos Anjos, recordemos ainda em sua homenagem outra expressão ao gosto de todos os Papas, por ele fartamente biografados:

DEUS tenha piedade de nós!...

Mas, apesar dos pesares, não desanimemos nem nos entristeçamos.

O livro **O Atalho**, de Luciano dos Anjos, com todo o seu radicalismo contundente, dando cobertura às ações belicosas de Juvanir Borges de Souza contra editoras humildes como a EME de Capivari - São Paulo, e escritores como

Gélio Lacerda da Silva, o autor de *Conscientização Espírita,* soa como um grito de desespero no campo de batalha ideológica em que se transformou o movimento espírita brasileiro da atualidade.

Luciano, possuidor de invejável acuidade psicológica, pressente que a doutrina semicatólica de Roustaing começa a retornar para o ostracismo, de onde saiu graças unicamente aos pendores místicos de alguns confrades, cujo número se torna a cada dia mais reduzido, na proporção direta em que a obra de Allan Kardec vai sendo bem conhecida e melhor compreendida. Percebendo a derrota inelutável e próxima, o redator de **O Atalho** dá os últimos tiros de pólvora seca, em sua *guerra santa*, com esperança de nos assustar.

Ilude-se.

Não vamos desistir da luta pelo respeito à Codificação kardequiana, nem esmorecer no propósito de fazer a FEB conduzir-se de acordo com a realidade dos novos tempos.

A posição até hoje docetista da Federação Espírita Brasileira não é irreversível, como assegura Luciano — irreversível é a marcha da História em busca da Verdade.

Afirmar que qualquer instituição neste país é perfeita e infalível, porque sua orientação vem de DEUS através de núcleos angélicos sediados nos páramos espirituais, reproduz o velho e surrado expediente da Igreja Romana para legitimar seus dogmas. Esta pílula anticoncepcional do bom senso, da lógica e da racionalidade os espíritas verdadeiros nunca engolirão. Por isso, cedo ou tarde a FEB não terá alternativa senão entregar a mão à palmatória, e quando tal ocorrer se surpreenderá, verificando que, em lugar da palmatória, temos para ela a flor de valorosa solidariedade.

• FIM •

OBRAS DO AUTOR PUBLICADAS PELA

EME EDITORA

Minha Doce Casa Espírita
132 pág. - 16x23cm

Este é um livro poético e polêmico que você gostará de ler, embora não aceite todas as idéias do autor. Certamente não o esquecerá na estante antes de percorrer com os olhos, avidamente, todas as suas páginas, da primeira à última.

Nazareno Tourinho, na presente obra, oferta-nos a história de uma Casa Espírita que ele fundou e dirige, e que não se enquadra no modelo da maioria dos Centros Espíritas da atualidade.

Caprichosa Lição dos Espíritos
98 pág. - 16x23cm

Este livro traz a peça "Caprichosa Lição dos Espíritos", que já mereceu justa consagração nos palcos. Espera-se que alguns grupos teatrais se predisponham a remontá-la, proporcionando a mais pessoas a representação de um texto bem elaborado, que deverá agradar plenamente, do ponto de vista da cultura e do lazer.